Mein lustvolles Leben

Anna Maria Gluth
Marion & Udo Meyer

Mein lustvolles Leben

Intimes aus dem Swingerclub

Schwarzkopf & Schwarzkopf

Inhalt

Vorspiel

Es waren einmal sieben Frauen

Im August 2006 war ein gemütliches Kellerlokal im Stadtteil Hohenfelde der Schauplatz des intimsten Jubiläums der Hamburger Firmengeschichte. Der älteste Swingerclub der Stadt, der Alster-Pärchen-Treff am Mühlendamm 43, feierte seinen 21. Geburtstag. Eingeladen hatte Klubchefin Marion nur einen kleinen, erlesenen Kreis: die sechs lebenslustigsten Plaudertaschen unter ihren weiblichen Stammgästen, mit denen sie die Nächte dieser 21 Jahre noch einmal Revue passieren ließ.

Während draußen auf dem Mühlendamm der Verkehr vierspurig in Richtung Uhlenhorst oder Lübecker Tor rollte, hatten Marion und ihre Freundinnen einen Verkehr ganz anderer Art im Sinn. Bei Champagner und kaltem Buffet aalten sich die sieben in den Polstern des Roten Salons, dem am intensivsten genutzten Raum des Hauses, bewunderten die Piercings und raffinierten Rasuren der Freundinnen und schwelgten in Erinnerungen an die Höhepunkte der Vergangenheit – so, wie es Frauen nur tun, wenn sie unter sich sind und kein Blatt vor den Mund nehmen müssen.* Ein ständiges Gekicher, Gegacker und Getuschel erfüllte den Salon, als ob sie alle gerade erst volljährig geworden wären.

---

* *Anmerkung des Herausgebers: Eine genaue Nachzählung ergab, dass – nach Füllwörtern wie »und«, »ich« und »wir« – der Begriff »Schwanz« von den Damen am häufigsten in den Mund genommen wurde. Insgesamt ermittelten wir 1102 Nennungen,*

Doch Marion hatte vorgesorgt. Damit das Fest nicht rasch unter einer Fülle von immer gleichen Plattheiten (»Mannomann, hatte der einen« oder »So alt und noch so scharf«) verflachte und ausfranste, hatte sie jeder ihrer Freundinnen als Hausaufgabe jenes Spezialthema zugeteilt, für das sie im Klub als Expertin gilt – sei es nun die Anatomie, die Nymphomanie oder die Neigung zum eigenen Geschlecht. Rings um Marion herum schwangen sich an jenem Abend folgende Damen auf ihre Steckenpferde:

Sabine (46), aschblond am ganzen Körper, mollige Ehefrau eines Hamburger Juweliers, ist leidenschaftliche Autodidaktin in männlicher Anatomie. Sie spricht von dem nie nachlassenden Reiz, den »das Ding an sich« und sein Format auf Frauen ausübt und bedauert nur, dass es »nicht ohne den Mann zu haben ist, der immer mit dranhängt«.

Anne (37), Krankenschwester in der Chirurgie einer schleswig-holsteinischen Klinik, laut Marions Mann Udo »so klein wie ein Hering zwischen den Ohren« und flink wie Quecksilber, ist ein

43,7 Prozent entfielen allein auf Sabine, mit weitem Abstand folgten Anne (16,3) und Karin (15,8), ganz am Ende der Skala rangierte Susanne mit 0,2 Prozent. In zähen Verhandlungen brachten wir die Erzählerinnen dazu, dieses ordinäre »Seven-Letter-Word«, wo immer es möglich war, zu umschreiben, lediglich in jenen Fällen, wo es unverzichtbar für das Verständnis des Textes war, ließen wir es stehen. Schwieriger gestalteten sich die Verhandlungen über das weibliche Pendant von »Schwanz«. Ausgerechnet zwei der Damen aus Hamburgs High Society, Helga und Susanne, bestanden auf jenem hässlichen Ausdruck, den manche mit einem »V« am Anfang schreiben, obwohl der Duden ein »F« fordert. Vor allem Susannes Argument war nur schwer zu widerlegen: »Meine heißt so, hat schon immer so geheißen, wenn ich die jetzt in meinem Alter noch umtaufe, hört sie nicht mehr auf mich.« Nachdem alle unsere pelzigen Vergleiche aus dem Tierreich (»Bärchen«, »Pussy«, »Maus«, »Muschi«) mit dem Hinweis auf die Intimrasuren der meisten von ihnen (Marion: »90 Prozent der Frauen, die zu uns kommen, sind rasiert«) abgelehnt worden waren, einigten wir uns schließlich auf Annes Kompromissvorschlag »Pflaume«, den Susanne sofort zu einem »Pfläumchen« verniedlichte. In manchen Ohren mag das zu saftig und vollmundig klingen, doch die Kultivierteren unter uns denken dabei an Pflaumenbäume, Zwetschgenwasser und Obstkuchen. Ein Schelm, wer Schlechtes dabei denkt.

Opfer ihres Berufs. Ständig sieht sie sich verfolgt von den erotischen Vorurteilen, denen ihre Zunft ausgesetzt ist – und genießt es, diese Vorurteile Punkt für Punkt zu bestätigen. Flirten oder Small Talk vorn an Marions Tresen hält sie für Zeitverschwendung, sie kommt erst dann zur Ruhe, wenn sie alle zwölf Räume des Klubs genutzt hat.

Angelika (31), zierlich und enthaart, die Jüngste der Siebenerbande, ist eine bekennende Nymphomanin mit einem hohen Verschleiß an Vibratoren und elektrischen Zahnbürsten. In fröhlichster Offenheit berichtet sie, wie sie und ihresgleichen den ständigen Juckreiz bekämpfen und warum bei ihr ein Orgasmus nie alleine kommt: »Wegen bloß einem mache ich mir doch nicht die ganze Arbeit.«

Karin (63), bei einer Körpergröße von 1,76 Metern 95 Kilo schwer, zählt zu Marions vielen weiblichen Gästen der Altersklasse U70, die es im Klub genießen, keine Hemmungen mehr haben zu müssen. Ihr Motto heißt »Man soll nichts ungenutzt stehen lassen« und deshalb ist sie immer die Erste, die sich ins Getümmel stürzt. Oft hat sie noch nicht einmal an ihrem Gin Tonic genippt, da teilt sie sich schon aufs Intimste den Barhocker mit einem Nebenmann.

Susanne, eine drahtige weißblonde Mittfünfzigerin von der noblen Elbchaussee, ist eine Bewunderin des weiblichen Geschlechts (»Jede ist da unten schön«) und schließt das eigene dabei keineswegs aus. Und weil ihr die Natur einen kräftigen Schuss Exhibitionismus – oder, wie es in diesen Kreisen heißt: Zeigefreudigkeit – mitgegeben hat, führt sie Klub-Novizinnen gern in allen Details das vor, was die bisher nur aus dem eigenen Handspiegel im Badezimmer kannten.

Helga, eine Dressurreiterin irgendwo zwischen dreißig und sechzig mit schwarzem Pagenschnitt, beteiligt sich meist nur als Voyeurin an dem Treiben in Marions Klub – am liebsten dann, wenn sich ihr Mann, ein schwerreicher Spediteur, seinen bisexuellen Neigungen hingibt. Detailgenau schildert sie die Spiele »dieser perversen Schweine«, wie sie sie liebevoll nennt – Spiele, bei denen sie sich mitunter so weit vergisst, dass ihr Mann die Gespielen bei ihr einführen darf. Die Freundinnen hören es gerne.

Marion schließlich, Herz, Leib und Seele des Alster-Pärchen-Treffs, lässt sich am besten mit den Worten eines pensionierten Kapitäns aus Cuxhaven beschreiben: »Blond und alles.« Augen und Mund sind so ausgeprägt, dass man sich nur schwer entscheiden kann, wohin man zuerst schauen soll. Ihrem Mutterwitz, ihrer Schlagfertigkeit und ihrer angeborenen Warmherzigkeit ist es zu verdanken, dass der Klub – im Gegensatz zu vergleichbaren Hamburger Etablissements kurzlebiger Art – seit 21 Jahren sein Stammpublikum hat. Und weil Marion mit Udo ein fantasievoller Ehemann zur Seite steht, überraschen die beiden ihr Publikum nicht nur ständig mit der Umgestaltung der zwölf Hobbyräume, darunter einer Arztpraxis mit Gynäkologenstuhl, Dark Room, Sado-Maso-Kammer mit Käfigen und Andreaskreuz und einer Sektbar zum Entspannen nach der Sauna, sondern auch mit Themenabenden wie dem Gangbang, von dem zu schwärmen Frauen wie Sabine oder Angelika nicht aufhören können.

Erstes Kapitel

Sabine

Das Ding an sich

»Marion, was ich dich ewig einmal fragen wollte: Wie viele hast du schon in deinem Leben stehen sehen? Hunderte, Tausende, fünftausend womöglich?« Die Hobby-Anatomin Sabine schluckt, selbst ihr, der leidenschaftlichen Sammlerin, der es stets mehr auf Quantität als auf Qualität ankommt, scheint die Zahl ein wenig hoch gegriffen. Doch Marion bleibt gelassen.

»Nur fünftausend? Damit kommst du nicht aus. Häng eine Null dran, dann bist du näher an der Wahrheit.« Und während die Freundinnen hintenüberfallen vor Lachen und dabei alles bloßlegen, was die zu Hause gebliebenen Ehemänner mitgeheiratet haben, beginnt die Klubchefin mit ihrer Hochrechnung.

»Wir haben mindestens 200 Tage im Jahr geöffnet. Ein Dutzend Männer pro Abend ist niedrig gegriffen, nehmt allein die Gangbangs, da sind es oft zwanzig und mehr. Macht knapp gerechnet 2400 pro Jahr und das multipliziert mit den 21 Jahren, die wir den Klub führen. Wie viel hast du jetzt, Sabine? Und wenn ihr bedenkt, dass es für mich ein Leben auch vor dem Klub gab – da läppert es sich zusammen, umso mehr, als ihr noch die ganzen Franzosen im FKK-Urlaub jeden Sommer dazurechnen müsst.«

»Aber denen am Strand steht er doch nicht, das dürfen die nicht in aller Öffentlichkeit, die wenigsten jedenfalls trauen sich das, und nur solche zählen in meiner Statistik.« Sabine betreibt ihre Forschungen zwar nur mit leichter Hand, aber was sie zwischen die Finger bekommt, wird gewissenhaft erfasst und in einer dicken Kladde, inzwischen schon der vierten, notiert. Jeder einzelne Herr mit Format und Form, Ausdauer, Technik, Hautfarbe, Alter und Produktionsausstoß, dazu Tag, Uhrzeit und Ort des Geschehens – eine wahre Enzyklopädie des männlichen Geschlechts. Sollte sie sich eines Tages zur Ruhe setzen, will sie das Werk der Anthropologischen Fakultät der Universität Hamburg stiften.

»Glaub mir, Sabine, da hat man als Frau seine Möglichkeiten, man muss nur wollen. Dieser Marokkaner zum Beispiel in Cap d'Agde, dem sah man schon in Ruhestellung an, was der bringt, fast bis zum Knie hing er ihm, da war ich nicht die Einzige, die es wissen wollte. Natürlich geht das nicht gleich an Ort und Stelle, aber wozu gibt es schließlich Hotelzimmer, wo man erst mal nachmessen kann, ob man sich nicht verschätzt hat. Und verschätzt hatte ich mich am Strand tatsächlich, fünfundzwanzig Zentimeter hätte ich ihm vorher gegeben, allerhöchstens dreißig.«

»Ich wäre die Letzte, die sich über die Kleinigkeit von dreißig Zentimetern beklagt«, spottet Sabine, und Karin, die Älteste in der Runde, nickt ein bisschen wehmütig.

»Aber es waren sage und schreibe fünfunddreißig, sogar noch ein paar Millimeter mehr, ein Glück, dass ich einen Zollstock eingepackt hatte und nicht bloß ein Lineal. Wisst ihr noch Mike von den Crazy Boys mit seinem Bauarbeiter-Strip neulich? So ein Geschütz hatte der Marokkaner auch, fast noch ein bisschen dicker, und genauso gut wie Mike ist er damit umgegangen. Die beiden, das waren für mich absolut die Größten, wenn man einmal von meinem schwarzen Dick absieht, aber der spielt sowieso außer Konkurrenz.«

»Ach ja, Mike.« Die kleine Angelika schaut versonnen in ihren Schoß, wo ein paar dunkle Stoppeln sprießen, weil Friseuse Mona, die mit dem sensiblen linken Daumen, seit drei Tagen keine Zeit für einen Hausbesuch hatte. »Erinnert mich nicht daran, ich glaube, ich spüre ihn jetzt noch.«

»Jammer doch nicht rum.« Sabine scheint immer noch neidisch zu sein, dass Angelika damals die Schnellste war. »Wer hat ihm schließlich am Tresen schon den Hintern entgegengestreckt und dann auch noch derart damit gewackelt, dass er gar nicht mehr anders konnte? Und geschrien und gekeucht hast du, dass Marion die Musik hochdrehen musste, damit man dich nicht draußen auf dem Mühlendamm hörte. Wir dachten schon, er kommt dir vorne zum Mund wieder heraus.«

Angelika reibt sich so tief und erinnerungsschwer, dass ihr auf die Schnelle keine schlagfertige Antwort einfällt. Doch da glättet Gastgeberin Marion auch schon die Wogen: »Ich kann dich so gut verstehen und ihr anderen tut es doch auch. Mann, was war das für ein Strip, den Mike hingelegt hat, die Chippendales sind nichts dagegen. Der ist ihm ja schon beim Tanzen hart geworden. Erinnert ihr euch, als er nur noch seinen Tanga anhatte? Da ist fast der Kopf oben rausgekommen, so lang war er. Und als Angelika mit ihm durch war, seid ihr doch alle hinter ihm her in die Dusche, um auch noch was abzubekommen.«

Endlich hat Angelika ihre Sprachlosigkeit überwunden. »Jedenfalls war ich nicht so egoistisch wie die Tussie beim Mr. Pimmel neulich und habe für euch alle an Mike was drangelassen. Erinnerst du dich noch, Marion? Ich denke, wenn man so eifersüchtig ist, sollte man fortbleiben aus dem Klub. Erst uns den Mund wässrig machen mit den Spielsachen von ihrem Mann, und dann alles für sich allein haben wollen, das ist gegen die Regeln.«

Marion erinnert sich genau, nicht nur an die Eifersucht der Ehefrau, sondern auch, dass sie ihr ein Schnippchen schlug und schließlich doch noch auf ihre Kosten kam. Auf die Idee für den Wettbewerb war, wer sonst, Sabine gekommen, auch den unmissverständlichen Titel »Mr. Pimmel« hatte sie sich, wie immer nur an das eine denkend, ausgedacht. Die Regeln waren denkbar einfach: Marion hatte zehn Paare eingeladen, die Frauen durften mit vereinten Kräften die Männer in Hochform bringen, dann wurde abgemessen. Der Sieger brachte es auf 26 Zentimeter Länge bei kapitalen sechs im Durchmesser und wurde mit einer Flasche Champagner prämiert, der kleinste in der Runde bekam als Trostpreis einen fünf Zentimeter kurzen Dildo.

Alle waren von Sabines Idee und den von ihr ausgeklügelten Durchführungsbestimmungen begeistert gewesen. Die Damen hatten zuerst ihre eigenen Männer für den Wettbewerb präpariert und waren dann reihum gegangen, um einfühlsam, aber nicht zu stürmisch zu überprüfen, ob alles zum Besten stand. Bis die Partnerin des späteren Siegers ihr eigenes Süppchen zu kochen begann. Zwar überzeugte sie sich ebenfalls von der Standfestigkeit der Konkurrenz, doch sobald sich eine andere des Werkzeugs bemächtigen wollte, auf das nur sie, wie sie glaubte, einen Anspruch hatte, waren Sabines Regeln vergessen. Alles an ihrem Mann beanspruchte sie für sich: die Mobilisierung mit Hand und Mund, die Messung und schließlich die Siegesfeier, die das Paar unter Ausschluss der anderen im Roten Salon vollzog.

Doch sie hatte ihre Rechnung ohne Marion gemacht. Jetzt am Jubiläumsabend gesteht sie ihren Freundinnen, was bisher nur Mr. Pimmel selbst wusste: »Ich habe durch das Guckloch zugeschaut, wie sie sich über ihren Kerl hermachte, sie hatte es wahnsinnig eilig, das mit den neun anderen hat sie wohl mächtig angetörnt. Weil sie genauso schnell wieder vorne war, um Wodka nachzutanken, konnte ich ihn mir unter der Dusche greifen und habe ihn hinter den Vorhang zum Dark Room gezogen. Er brauchte gar nichts zu machen, erst ging ich vor ihm in die Knie, dann er hinter mir. Ich sage dir, Sabine, das war ein würdiger Preisträger, der hätte auch dir rundum gutgetan.« Ein giftiger Blick der Anatomin trifft sie, sekundenlang ist alle Freundschaft vergessen.

Susanne hat den Blick aufgefangen. Weil ihr jeder Streit, schon gar unter Frauen, zutiefst zuwider ist, macht sie sich ans Schlichten. Und natürlich weiß sie nach so vielen Jahren gemeinsamer Erlebnisse, wie sie Sabine bei der Stange halten kann. »Marion, Anne und ihr anderen, ihr wisst doch, dass Sabine im September 47 wird. Wollen wir ihr dann nicht das Gleiche schenken wie neulich dieser Fotograf seinem Model? So viel wie eine 23-Jährige schafft unsere Sabine doch lässig. Und notfalls helfen Angelika und Karin mit, wenn ihr die Männer über den Kopf wachsen.«

Tatsächlich war Marion vor ein paar Wochen von einem alten Stammgast, einem Fotografen bei einem Hochglanzmagazin, um Hilfe gebeten worden. Und von dieser Hilfestellung redet noch heute der ganze Klub, vor allem die Männer. Seine Freundin wünsche sich zu ihrem 23. Geburtstag Männer satt, mindestens 20 davon und keiner unter 20 Zentimetern. Auf die Schnelle hatte Marion zwar nur 16 Männer auftreiben können, die die Längenvorgabe erfüllten. Doch weil jeder der Herren rasch für seinen Vorreiter in die Bresche sprang, wenn den die Kraft verließ, und weil dem Geburtstagskind als einziges Kleidungsstück eine schwarze Augenbinde zugebilligt worden war, verlor es rasch die Übersicht.

Da lag sie nun auf dem Rücken, nackt und bloß, wie ein Seestern gespreizt und dadurch den kritischen Blicken der weiblichen Konkurrenz am Tresen ausgesetzt, während sich die Männer hinter dem, der ihr gerade sein Geburtstagsgeschenk zuschob, aufreihten und sich eigenhändig bei Laune hielten. Um bei der stürmischen Gratulationscour nicht von der Liege gestoßen zu werden, klammerte sie sich links und rechts an zwei weiteren Herren fest und zwar an deren bereitwillig entgegengestreckten Haltegriffen, welche prompt von Helga auf ihrem Barhocker als »Ersatzteile« bespöttelt wurden. Zwei Stunden lang schrie die junge Dame buchstäblich wie am Spieß, ehe der fotografierende Freund ihr eine kurze Atempause gönnte und ihr ein Glas Cola einflößte. Doch erst nach weiteren zwei Stunden und inzwischen gut 50 Geschenken wurde ihr die Binde gelöst, damit sie die Verheerung, die sie unter den 16 Gratulanten angerichtet hatte, mit eigenen Augen sehen konnte.

Alle geben sich einen Moment lang, je nach Temperament seufzend oder kichernd, den Erinnerungen an jenen Abend hin, bis Helga sie in die Gegenwart zurückruft: »Marion, wie hast du das nur auf die Schnelle geschafft, 16 Ersatzteile zusammenzutrommeln, und dann auch noch so große? Stell dir vor, Angelikas Pflaume fängt wieder mal an zu jucken, wie lange bräuchtest du dann, dass sie voll auf ihre Kosten kommt?« Ohne auf den Einwand aus der Ecke (»Aber sie juckt doch schon die ganze Zeit, seht doch her«) zu achten, antwortet Marion wie aus der Pistole geschossen: »Kein Problem, nicht das geringste. Innerhalb von einer Stunde hatte ich sie zusammentelefoniert. Erst einmal habe ich Schwanz-Paul angerufen, der hat immer Lust, außerdem hat der ein paar ähnlich gut behangene Freunde. Der Nächste war der stramme Max aus dem Pornofilm, der wollte gleich ein halbes Dutzend starker Kollegen mitbringen und der Rest erledigte sich durch Mund-zu-Mund-Propaganda. »Auch ne Art von Oralverkehr«, flüstert Sabine so laut, dass es jede hören kann.

»Vergiss nicht, dass ich auch noch einen beigesteuert habe.« Karin wäre die Letzte, die ihr Licht unter den Scheffel stellen würde. Schon gar nicht, wenn es sich um ihren Untermieter handelt, den sie derart hätschelt und verwöhnt, dass er ihr seit elf Jahren die Stange hält. Je nach Stimmung erzählt sie zwei Varianten von ihrer ersten näheren Bekanntschaft mit ihm, mal mit, mal ohne ihre Tochter. Und obwohl ihre Freundinnen beide Versionen zur Genüge kennen, hören sie immer wieder gerne zu. Heute ist die kürzere an der Reihe:

»Benno wohnte damals gerade vier Wochen bei mir, ich musste mich erst einmal daran gewöhnen, wieder einen richtigen Kerl im Haus zu haben, nachdem ich diesen klebrigen Sportjournalisten rausgeschmissen hatte. Ich war gerade beim Schlachter gewesen, der mit den angeblich besten Weißwürsten Deutschlands, und weil die Schlange ausnahmsweise mal nicht bis auf die Straße ging, hatte Benno noch nicht mit mir gerechnet. Er hatte die Nacht vorher wohl ziemlich gezecht, deshalb war er gerade erst aufgestanden. Da steht er in der Küche, brüht sich seinen Kaffee auf und hat nichts an als sein kurzes T-Shirt mit irgend so einem irischen Dichter auf der Brust. Und darunter, ich hab mich im ersten Moment ziemlich verjagt, steht seine Morgenlatte, so ein Kaliber hatte ich lange nicht mehr gesehen, war wohl der Restalkohol, der noch drinsteckte.« Obwohl die anderen wissen, wie es ausgeht, lauschen sie erwartungsfroh, nur in der Ecke wimmert Angelika: »Es juckt, es juckt, warum juckt es bloß immer so.«

Karin nimmt einen tiefen Schluck aus ihrem Champagnerkelch, der »Restalkohol« hat sie inspiriert: »Beide starren wir uns entgeistert an, er mit beiden Händen vor der Latte, dann ergreife ich die Flucht nach vorn. ›Lassen Sie man, das ist nicht der erste nackte Mann, den ich da sehe. Die Hände nehmen Sie besser für den Wasserkessel, die Fenster beschlagen ja schon.‹ Das hat er ganz schnell begriffen. Danach ging er Zähneputzen, ich lehnte in der Badezimmertür und schaute mir seelenruhig seinen Bauchnabel an und das hat Benno, wie er später erzählte, derart angemacht, dass er ihm die ganze Zeit stand. Hinterher brauchte ich im Schlafzimmer eine geschlagene halbe Stunde, um diesen Anblick zu verarbeiten.«

Das Spielchen trieben die beiden wochenlang weiter. Jeden Werktag Punkt sieben und am Wochenende gegen zehn klopfte Karin an der Tür des Mieters, der kam erst ins Badezimmer, wenn »der da« aufgestanden war. In der Tür wartete die Wirtin, hochgeschlossen, aber tiefbewegt, und starrte immer nur auf das eine, ehe sie im Schlafzimmer verschwand. Bis Karin eines Sonntags die Flucht nach vorn ergriff. Wieder einmal hatte Benno eine lange Nacht hinter sich und wieder einmal glaubte sie die Auswirkung von Restalkohol zu erkennen.

»Da nahm ich allen Mut zusammen. ›Kann es sein, dass er heute noch länger ist als sonst? Dicker ist er auf jeden Fall, das sehe ich von hier aus.‹ Worauf er vorschlug: ›Dann messen Sie doch einfach nach und morgen vergleichen wir.‹ Seitdem weiß ich, dass er es bei idealen Bedingungen über die 20 Zentimeter schafft, aber selbst an schlechten Tagen auf mindestens 18,5 kommt. Danke übrigens, Marion, dass du ihn bei der Geburtstagsparty neulich mit eingeschmuggelt hast. Aber bei dem Nonstop-Verkehr hat das Girl sicher nicht gemerkt, dass da womöglich knapp zwei Zentimeter an ihrer Mindestforderung fehlten.«

Dass es nicht bei dem täglichen Abmessen bleiben würde, war bei der Veranlagung der beiden abzusehen. Schon am Montag, als Karin beim Vergleich zum Vortag tatsächlich den Kürzeren zog, wagte sie den nächsten Schritt. »Ich schlug ihm vor, dass ich mit einer Massage noch ein bisschen mehr herauskitzeln könnte, doch was dabei herauskam, ist das, was ihr alle von den Männern kennt. Zum Glück machten wir es über dem Waschbecken, deshalb konnte ich hinterher alles gleich abspülen und ihn auch. Aber weil ich damals noch nicht wagte, ihm mehr von mir anzubieten – schließlich war ich schon über 50 und er nicht einmal

25 –, musste ich dann immer gleich ins Schlafzimmer. Das dreckige Grinsen von dem Kerl hättet ihr sehen sollen.«

»Und du hast ihm bis dahin tatsächlich nie deine Pflaume gezeigt?« Angelika würde, um sich von ihrem Juckreiz abzulenken, zu gerne die längere Version, die mit der Tochter, hören. Aber jetzt geht Marion dazwischen, damit ihre Gesprächsrunde nicht in einen endlosen Monolog ausufert, sie kennt Karin und ihre Freude an intimen Details schließlich lange genug: »Schluss jetzt, das wissen wir alle zur Genüge, wie Renate mitspielen wollte und Mutter und Tochter sich dann beim Melken abwechselten. Und dass ihr dann alle drei im Bett gelandet seid und wie Renate ihm an Karin gezeigt hat, was auch eine Frau jenseits der Fünfzig für schöne Sachen hat. Aber bisher hören wir die ganze Zeit nur von Riesenlümmeln, ich finde, auch die Kleinen können aufregend sein, sie kitzeln so schön und sehen auch so niedlich aus.« Worauf Sabine schnippisch einwirft: »Ach was, das ist doch alles nur Kleinkram. Wenn eine Frau zwischen einem großen Kräftigen und einem Kleinen wählen kann, nimmt sie immer den Großen, hundertprozentig. Nur in der Not frisst der Teufel Fliegen.«

Susanne will sich rasch für die quengelnde Angelika in die Bresche werfen – »Ach, lass Karin doch, sie kann so spannend erzählen, wie Renate da unten aussieht, ich kann es nicht oft genug hören und unsere Leser wollen es sicher auch wissen« –, doch Marion bleibt unerbittlich. »Wenn die Leser es so genau wissen wollen, können sie ja selbst in den Klub kommen und Karin live erleben. Aber jetzt sind endlich auch mal die Schwänzchen an der Reihe, sonst trauen die sich nicht hierher, weil sie Angst haben, sie kommen nicht durch Sabines Längenkontrolle. Erzähl doch mal, Anne, wie du neulich mit den zwei Japanern hier im Roten Salon auf der Schaukel warst.«

»Ja, das war komisch. Eigentlich wollte ich ihm einen Korb geben, als mich der kleinere von beiden am Tresen angebaggert hat, weil ich seit diesem Reinfall auf der Reeperbahn keinen Bock mehr auf Japaner habe.« Anne spreizt den kleinen Finger ihrer linken Hand ab: »Nicht einmal so groß war der damals und der hier hatte sich ein Hasenpfötchen oder so was in die Hose gestopft, um falsche Tatsachen vorzuspiegeln, das sah ich sofort. Aber dann dachte ich: Anne, du bist Krankenschwester, in unserem Beruf muss man sich auch um die verzweifelten Fälle kümmern, also Augen zu und durch. Und weil er auf den Weg in den Roten Salon noch einen Landsmann aufgegabelt hat, ist es dann doch noch ganz lustig geworden, und das alles nur wegen dieser tollen Schaukel.«

Marion lächelt geschmeichelt, denn schließlich war es ihre Idee, im Salon eine Schaukel aufzuhängen und die rettete Anne den Abend mit den Japanern. »Wieder zwei Nieten gegriffen, dachte ich, als ich ihnen die Hosen herunterzog. Kleiner als mein 13-jähriger Vetter Horst damals in Konstanz, den ich immer mit seinem ›Mückenbein‹ gehänselt habe. Aber zwei sind doppelt soviel und also auch doppelt so dick wie einer und in der Not wird jede Krankenschwester erfinderisch. Also ließ ich den einen auf die Schaukel klettern, dann setzte ich mich auf seinen Schoß, lehnte mich rückwärts gegen seine Brust und führte das bisschen, was zwischen seinen Beinen stand, bei mir ein. O.k., besser als das auf der Reeperbahn war es schon, aber Platz war da unten drin noch reichlich. Also ließ ich den anderen sich vor uns hinstellen, der zog die Schaukel an sich heran, bis der Winkel genau richtig war für ihn und dann hinein mit ihm. Und weil ich die Schaukel mit dem Hintern sachte ins Schwingen brachte, machte ich aus zwei halben Portiönchen zumindest eine einzige, aber ganz anständige Portion. Hat richtig schön gekitzelt, das Ganze, wie du gesagt hast, Marion.«

Bei zwei Männern gemeinsam in Aktion wird Helga hellhörig: »Das hat ihnen wohl gefallen, diesen perversen Schweinen, sich in dir aneinander zu reiben. Aber was war das denn nun für einer auf der Reeperbahn, spann uns doch nicht den ganzen Abend auf die Folter, du Luder.« Anne, der jede Ziererei fremd ist, lässt sich nicht lange bitten.

»Es fing damit an, dass mich meine Kollegin Gudrun dazu überredet hat, mit ihr mal auf den Strich zu gehen. Also setzten wir uns in ziemlich verwegenen Klamotten in eine Hotelbar auf der Reeperbahn, die Slips hatten wir schon vorher ausgezogen, schließlich sollte das ja für die Herren kein heiteres Beruferaten werden. Als Erste begriffen zwei japanische Geschäftsleute, was wir wollten. Nicht einmal austrinken durften wir, so eilig hatten sie es, mit uns aufs Zimmer zu gehen. Erst drückten sie jeder dreihundert Mark in die Hand, im nächsten Moment standen sie nackt vor uns. Der von Gudrun ging ja noch einigermaßen, der war immerhin größer als das Mückenbein von Horst, aber meiner – du lieber Gott. Er muss wohl gemerkt haben, dass ich nichts, aber auch absolut gar nichts gespürt habe, denn hinterher hat er sich entschuldigt: Japaner hätten nun einmal so kleine, weil sie immer nur Reis zu essen bekämen. Die Europäer hätten es besser, von Kartoffeln würde man eben einen kräftigen Oschi bekommen, die gäben ordentlich Sahne auf den Löffel. Ich war so wütend über diesen Blödsinn, dass ich ihn anblaffte: ›Und die Italiener haben so lange dünne, weil sie Spaghetti essen, und die Schwaben so kurze Buebespitzle wegen der Schupfnudeln.‹ Fast hätte ich ihm seine Geldscheine zurückgegeben, aber dann fiel mir ein, dass sie zusammengerollt doppelt so dick waren wie das, was der Japaner in der Hose hatte.« Alle lachen, am lautesten Angelika, die sich, während Anne erzählte, etwas Erleichterung verschafft hat.

Als das Lachen abebbt, ist für Sabine die Zeit gekommen, mit ihrem Fachwissen zu protzen. »Ach Anne«, sagt sie herablassend, »das hätte ich dir gleich sagen können. Du musst doch nur auf ihre Nasen schauen, dann kannst du dir die ganze Arbeit sparen. Was meinst du wohl, warum die von da hinten unsere Männer ›Langnasen‹ schimpfen? Die haben ja fast ein Loch mitten im Gesicht, so winzig sind ihre Nasen. Aber die Natur hat das gut eingerichtet, denn ihre Frauen sind genauso klein da unten. Erinnert ihr euch an das koreanische Ehepaar letztes Jahr? Sie hat sich bloß gottergeben auf den Rücken gelegt, dann ist sie von der ganzen Mannschaft durchgezogen worden, weil sie so eng wie keine von uns war, während ihr kleiner Zipfelmann danebenlag und ihr Händchen gehalten hat. Meine Freundin Silke aus Kiel hatte Mitleid mit ihm, hat es aber bald aufgeben. ›Ach diese armen kleinen Chinesen‹, hat sie immer nur gesagt, dabei war er doch Koreaner. Aber ich sag's euch, an ihren Nasen sollt ihr sie erkennen.«

»Ja ja, so wie die Nase des Mannes, so sein Johannes«, sagt Marion versonnen. »Einen wahreren Spruch hat es nie gegeben. Wisst ihr noch den kurzen Lothar, der mit seiner kräftigen Knubbelnase? Dick wie mein Unterarm war der, eine richtige Keule. Man musste sich nur hinknien, dann schob er ihn ganz langsam von hinten rein und hielt still. Wenn sich bei ihm was bewegte, dann war es die Frau, nicht wahr, Sabine?«

»Der brauchte sich nicht zu bewegen, der füllte einen so aus, dass mehr gar nicht nötig war. Für mich jedenfalls. Alles, was am Mann zählt, hatte ich intus, den Rest hätte er gerne am Tresen zurücklassen können, der störte nur.« Angelika wirft ihr einen verständnisvollen Blick zu, derart angespornt doziert Sabine weiter.

»Dass die Schwarzen die besten sind, wissen wir fast alle spätestens seit unserem Burger-Brater Dick, da wird uns Marion sicher gleich mehr erzählen können. Kommt wohl aus dem Sudan, denn dort sollen sie mit 23,7 Zentimetern im Durchschnitt die Größten haben. Nein, Karin, im Durchschnitt, nicht im Durchmesser. Dahinter kommen gleich die nordafrikanischen Araber, auch wenn Marions Marokkaner aus Agde sicher eine Sonderausgabe war, die meisten, die ich kenne, hatten gerade mal um die zwanzig. Und was unsere Männer betrifft, da halte ich es trotz Lothar mit den großen Schlanken. Die haben die Längsten und dazu passend auch die richtige Dicke, einer wie der andere. Ich jedenfalls habe bei denen noch keine Ausnahme von der Regel erlebt und glaubt mir, das waren einige. Aber wolltest du uns nicht von Dick erzählen, Marion, der war schließlich deine Entdeckung, du hast in hier eingeführt.«

»Na gut, wenn du mich so nett bittest. Also: Es war im letzten Sommer, so gegen halb elf, eine der heißesten Nächte damals, deshalb hatte ich nur das Nötigste an, als ich mal kurz zum Auto rausmusste. Kommt mir doch auf dem Bürgersteig ein kräftiger Schwarzer entgegen, elegant wie ein Tänzer mit einem richtigen Knackarsch und alle Muskeln dort, wo sie sein sollten. Ich weiß sofort, das ist ein ganz Großer, also spreche ich ihn an, ob er nicht auf ein Bier zu uns hereinkommen will. Gerne, sagt er, aber nur auf eine Stunde, sonst wird meine Frau eifersüchtig, die wartet schon zu Hause auf mich. Nun, in einer Stunde lässt sich einiges bewegen, und so war es dann auch. Samtweiche Haut hatte er, einen rabenschwarzen Penis« – sie spricht das in diesen Räumen unübliche Fremdwort aus, als wollte sie sich gleich vor ihm hinknien – »mit gefühlten 30 Zentimetern und einer etwas helleren Eichel, wie zum Reinbeißen. Und als er dann anfing, fühlte er sich wie ein Quirl an, eine ständige Rührbewegung im Teig, es war die kürzeste Stunde meines Lebens. Das ist ein Mann, der einem wirklich alle Wünsche erfüllt, nur schade, dass er so eine eifersüchtige Frau hat. Was könnten wir in zwei oder drei Stunden mit ihm alles anfangen, sogar Angelika käme auf ihre Kosten.« Angelika seufzt, Anne auch:

»Als Krankenschwester machte ich es mir erst einmal in dem gynäkologischen Stuhl bequem und ließ Dick sich davorstellen.

Runter auf die Knie, kommandierte ich, und zeig, was du von Medizin verstehst. Ich sage euch, nie vorher ist ein Arzt so behutsam mit ihr umgegangen, ganz sachte und zart. Und als Koch verstand er was vom Rühren und Verquirlen, nur anders als bei Marion, weil er ja vor mir auf den Knien lag. Glaubt mir, er war nicht der erste Schwarze in meinem Leben, aber ich werde lange suchen müssen, bis ich mal wieder so einen finde.«

»An der Lust zum Suchen wird es bei dir doch nicht fehlen«, spottet Sabine. »Mein Gott, sind denn wirklich alle Krankenschwestern so scharf, wie die Männer behaupten?«

»Schärfer«, sagt Anne, grinst und reibt sich mit beiden Händen. »Viel schärfer. Ein paar Beispiele gefällig? Na gut, dann wollen wir mal.«

Zweites Kapitel

Anne

Krankenschwestern: eine Klasse für sich

»Warum wir Krankenschwestern alle so scharf sein sollen?« Anne leert ihren Kelch, lässt sich von Marion Champagner nachschenken und leckt sich die Lippen. »Nun, dass wir es sind, gebe ich offen zu, da nehme ich keine einzige aus bei uns im Krankenhaus, nicht einmal mich. Ich kenne kein besseres Gefühl, als wenn man wieder einmal so richtig schön durchgevögelt wurde, geht euch das etwa nicht so? Aber warum wir so sind? Es gibt da ein paar Theorien, aber so ganz überzeugt mich keine.«

»Vielleicht weil die Ärzte alle so geile Böcke sind?«, schlägt Karin vor. »Sicher, da ist was dran, wie bei all diesen Theorien. Die Ärztinnen übrigens auch, deshalb ist unser Beruf in dieser Hinsicht auch so vielseitig wie kein anderer. Höchstens die Friseusen kommen da noch mit.« Spöttisch blickt Anne zu Susanne hinüber, die ein paar Jahre lang in einem Damensalon in Poppenbüttel gearbeitet hat, ehe sie sich einen der reichsten Händler für Edelfische und Meeresfrüchte an der Elbchaussee geangelt hat. Susanne kichert und strahlt, ein ganzer Lesbenporno scheint vor ihrem geistigen Auge abzulaufen.

»Apropos Ärztinnen«, unterbricht Marion Annes Grübelei. »Neulich hatten wir mal wieder unsere Internistin aus Neumünster hier, die immer mit ihrem jungen Steuerberater kommt. Weil ich sie zwei Stunden nicht mehr gesehen hatte, ging ich nach hinten, um nach dem Rechten zu sehen. Da liegt sie auf dem Rücken, in jeder Hand einen Mann und zwischen ihren Beinen der Kopf eines dritten, der sich, wie er mir später erzählte, die ganzen zwei Stunden nicht vom Fleck bewegt hat und dann prompt einen tauben Unterkiefer hatte, wie nach einer Spritze beim Zahnarzt. Da stößt ihr kleiner Steuerberater dazu, streichelt sie und sagt: ›Da vorne am Tresen sitzt eine Frau, die geleckt werden möchte.‹ Und was sagt die Frau Doktor Internistin, nachdem sie doch zwei Stunden lang ununterbrochen ausgeteilt und eingesteckt hat? ›Klar, wird sofort erledigt, lass mich nur schnell eine rauchen.‹ Zähe Naturen sind das, diese Ärztinnen aus der Provinz.«

»Und gut sind sie«, kichert Susanne schon wieder. Die Frau am Tresen war sie.

Aber Anne verbeißt sich weiter in ihr Lieblingsthema: »Vielleicht hat Helga ja recht, wenn sie sagt, dass unser Beruf wie kein anderer mit dem nackten Menschen zu tun hat und wir deshalb die ganze Zeit die Dinger von Männlein und Weiblein vor Augen haben und ja auch angehalten sind, kräftig zuzupacken. Und nicht nur Männlein, sondern auch Jungs in der Pubertät, Mannomann.«

»Eine etwas waghalsige Theorie, scheint mir. Dann müsste ja auch Helga, wenn sie sich den ganzen Tag auf dem Gestüt bei Trittau herumtreibt, dauernd Lust darauf haben, sich von Hengsten bespringen zu lassen.« Sabines Zunge gilt als die spitzeste der Siebenerbande.

Alle außer Helga lachen, am ordinärsten Anne: »Aber bevor ich es vergesse, da muss ich euch schnell noch eine Geschichte über pubertierende Jungs erzählen. Ihr erinnert euch doch an meinen Vetter Horst aus Konstanz mit seinem Mückenbein? Nun, dem seiner war deshalb so klein, weil er eine ganz komische Stoffwechselkrankheit hatte. Alles an ihm wurde größer und fetter, nur dieses Dingelchen nicht, er konnte damit anstellen, was er wollte. Schließlich merkten die Eltern, dass der Junge für seine 14 Jahre viel zu fett war, also kam er ins Krankenhaus, wo sie ein halbes Jahr an ihm herumdokterten. Sie legten ihn in ein Dreibettzimmer mit zwei 15-Jährigen, und damit beginnt die Geschichte.« Angelika in der Ecke hat »Jungs« und »Dreibettzimmer« gehört und wird schon wieder unruhig.

»Die beiden Älteren waren ziemlich perverse Schweine, wie Helga sagen würde. Der eine lief immer ohne Schlafanzughose herum, weil er sie nicht bekleckern wollte, der andere hatte nur ein kurzes Hemdchen am Leib, so kurz, dass die anderen sehen konnten, dass er am besten von allen dreien ausgestattet war. Sagt jedenfalls Horst, der ihn ja gesehen hat. Und diese beiden haben es auch ganz offen miteinander getrieben, na ja, Handbetrieb, was man eben so macht in dem Alter. Horst hätte auch gern mitgespielt, aber als sie ihn schließlich untersuchten, sagte der ohne Hose nur: ›Klein, viel zu klein für uns.‹ Das war alles, Horst hat noch lange daran herumgekaut.«

»Und was hat das alles, wenn ich bitten darf, mit dem Thema Krankenschwestern zu tun?« Sabine mag sich nicht mit solchen Kleinigkeiten begnügen. Masturbierende Jungs kennt sie von Klassenfahrten und Schullandheimen zur Genüge, aus diesem Thema ist sie längst herausgewachsen. Auch Susanne gähnt verstohlen.

»Geht gleich los, meine Allerwertesten, geht gleich los. Gegen neun wurde von der Schwester Oberin, wie die Jungs den Dragoner auf ihrem Flur nannten, immer das Licht ausgemacht, und kaum war es dunkel, schlich der ohne Hose zu dem mit dem Hemdchen ins Bett und ab ging die Post. Plötzlich ein greller Lichtschein, in der Tür steht der Dragoner mit dem steifen Häubchen auf dem Kopf und hat schon alles gesehen, was die Jungs mit dem Laken zuzudecken versuchen. Die Arme in die Hüften gestützt, befiehlt sie: ›Aufstehen. Alle beide.‹ Keiner wagt sich zu rühren, auch Horst nicht. Noch einmal der Befehl: ›Sofort aufstehen, sonst erfahren es eure Eltern.‹ Also kriechen die beiden unter dem Laken hervor und bauen sich vor dem Dragoner auf und trotz ihrer Angst steht noch alles in die Höhe, dem einen unter seinem Hemdchen hervor, der andere wie üblich ohne Netz und doppelten Boden. Horst behauptet, dass die Schwester Oberin die Dinger bestimmt zehn Sekunden lang anstarrte, als ob sie sie ihnen abreißen wollte, bis sie ›Ihr Drecksäue‹ gesagt hat und abgerauscht ist. Ich weiß, warum sie so lange gebraucht hat: damit sie sie ihren Kolleginnen nachher millimetergenau beschreiben konnte. Bei uns auf der Abteilung machen wir es genauso.«

»War es ihnen wenigstens eine Lehre«, will Angelika wissen, »oder haben sie womöglich trotzdem weitergemacht mit ihren Spielchen?« Ihre Augen funkeln.

»Von wegen eine Lehre sein, wo denkst du hin, es wurde eher schlimmer. Denn jetzt nahmen sie Horst in den Klub mit auf. Dafür, dass er an der Tür Schmiere stand, ließen sie ihn plötzlich mit ran und sogar dem ohne Hose war er plötzlich nicht mehr zu klein. In diesem halben Jahr hat Horst nicht nur seine Technik verfeinert, sondern auch sonst noch viel gelernt, zum Beispiel über Krankenschwestern.«

Helga, die sich den anderen nicht nur als Reiterin, sondern auch in der Bildung überlegen glaubt, hakt noch einmal nach wegen des nackten Menschen im Auge der Krankenschwester: »Der belgische Schriftsteller Georges Simenon hat das in seinen Büchern ganz genau beschrieben.« Karins Zwischenruf (»Was für ein Schorsch denn?«) übergeht sie hoheitsvoll. »Simenon war sein ganzes Leben lang auf der Suche nach dem nackten Menschen, am Ende kam er auf 10.000 Frauen, mit denen er intim war. Das ist doch wie bei den Krankenschwestern: Weil bei denen die Hemmschwelle mit dem Ausziehen wegfällt, der Mann oder die Frau vor ihnen sind ja schon nackt, geht's sofort und direkt zur Sache. So einfach ist das.«

»Ja ja, so einfach wie das mit dem Reis und den Kartoffeln bei meinem kleinen Japaner«, spottet Anne. »Das klingt mir alles etwas zu einfach, zu sehr nach Milchmädchenrechnung. Recht hast du allerdings mit dem Direkt-zur-Sache-Gehen. Neulich zum Beispiel war ich mit meiner Kollegin Heidi – ›Heidi die Hummel‹ heißt sie bei uns – auf einer Party. Keine zehn Minuten sind vergangen, sie ist noch bei ihrem ersten Glas Wein, da pirscht sich der Kerl neben ihr mit ein paar nicht ganz stubenreinen Witzen an, wirklich nur ein ganz klein bisschen schlüpfrig, eigentlich viel zu harmlos für Heidi. Wenn der in diesem Tempo weitermacht, denke ich, dann sitzt sie auch in zwei Stunden noch auf dem Trockenen. Und schon reißt bei ihr der Geduldsfaden. Sie schaut dem Typ gelangweilt in die Augen und sagt dann ganz leidenschaftslos, so, als ob sie ihn um Feuer bitten würde: ›Du kannst mich gern auch ficken.‹ Zum Glück für sie hatte er es genauso eilig, zwei Minuten später wälzten sie sich nackt am Boden. Natürlich endete alles in einem einzigen Rudelbums, aber wenn Heidi an einen Lehrer oder einen Juristen geraten wäre, nicht auszudenken.«

»Oder an einen Schweizer.« Marion schüttelt sich, ob vor Lachen oder vor Schaudern, lässt sich nicht erkennen. »Eine meiner besten Schulfreundinnen, Birgit, ist auch Krankenschwester, einige von euch müssten sie noch von hier kennen. Vor ein paar Jahren hat sie sich nach Basel verheiratet, aber weil ihr auf Dauer die Abwechslung fehlte, haben sie und ihr Mann eine Anzeige in einem Schweizer Partnertausch-Magazin aufgegeben. Schließlich fanden sich vier gleichgesinnte Paare zusammen. Was machen Schweizer, wenn sie nicht wissen, was miteinander anfangen? Sie essen eine Fleischfondue. Und damit die Stimmung schnell auflockert, muss jeder, dem ein Fleischwürfel ins Öl fällt, etwas ausziehen. Nach einer knappen Stunde sitzen acht splitternackte Schweizer um den Tisch herum und wissen immer noch nicht, wie es weitergehen soll. Also hat man sich wieder angezogen, sich für den netten Abend bedankt und ist nach Hause gegangen. Das war Birgits einzige Gruppensex-Erfahrung in der Schweiz – und das ihr, einer deutschen Krankenschwester. Deshalb ist sie in zwei Wochen in Hamburg, wenn wir hier den nächsten Gang-Bang haben. Susanne, du solltest ruhig auch kommen, Birgit ist vielseitig, ganz ganz vielseitig.«

»Tja, wäre Heidi mit in Basel dabei gewesen, die hätte den Laden ganz allein aufgemischt, Männer wie Frauen.« Aus Anne spricht Bewunderung für die Kollegin. »Aber das cleverste Stück, das sie sich je geleistet hat, ist die Geschichte mit der Freundin ihres Mannes. Ich habe sie euch allen schon erzählt, aber ich finde sie immer noch herzerfrischend.« Bevor Anne, die ebenso wie Karin zu Wiederholungen und Ausschmückungen intimster Details neigt, ausholen kann, wollen wir ihr die Arbeit abnehmen und uns mit einer kurzen Zusammenfassung begnügen.

Heidis Ehemann Jürgen, ein Möchtegern-Lebemann mit geleastem Porsche und teuren Schweizer Uhren, war auf der Suche nach weiteren Statussymbolen darauf gekommen, dass ihm noch eine Geliebte nebenher in seiner Sammlung von Accessoires fehlte.

Und weil Krankenschwestern, wie er wusste, der Erotik nicht abgeneigt sind, bat er Heidi um eine leicht zu erobernde Kollegin. Noch in der gleichen Woche brachte sie die 22-jährige Beate mit nach Hause und ins Ehebett. Störend war nur, dass Beate sich Heidis orale Aufmerksamkeiten zwar gefallen ließ, sie aber nicht erwiderte und stattdessen ihre ganze Aktivität Jürgen widmete. Jeden Freitag gönnten der Ehemann und seine junge Geliebte der Gattin eine Triole, doch irgendwann fand Heidi heraus, dass sich die zwei auch hinter ihrem Rücken trafen und nicht nur zum Halma. Also schritt sie zur Tat.

Erst las sie ihrem Jürgen die Leviten, dann lud das Ehepaar Beate und Heidis gelegentlichen Zeitvertreib Klaus in ein besseres Kieler Restaurant ein. In gehobener Stimmung ging es hinterher nach Hause, dort zog Heidi zuerst Klaus und dann sich selbst aus und trieb es schließlich mit ihm vor den Augen der beiden anderen, zuerst in der 69-er und dann in der Missionarsstellung. Stimuliert vom Anblick des Paares vor sich, ließ sich Beate widerstandslos von Jürgen ausziehen. Angesichts der nackten Freundin flüsterte Heidi Klaus ins Ohr, er möge für ein paar Stöße aussetzen, dann krabbelte sie auf allen Vieren hinüber und vergrub ihren Kopf zwischen Beates Schenkeln. Als sich die Schleusen öffneten, zog Heidi Klaus heran und führte ihn eigenhändig dort ein, wo zuletzt immer nur Jürgen eingelassen worden war. Gleichzeitig schwang sie sich bei ihrem Ehemann in den Sattel und nun war die Quadratur des Kreises perfekt. Aus dem Trio war ein Vierer geworden, Beate hatte sich vor den Augen des Geliebten von einem Fremden das besorgen lassen, was unter Krankenschwestern als »kräftig durchvögeln« bezeichnet wird. Das Statussymbol war zur Konfektionsware von der Stange heruntergekommen, also herrschte jetzt kein Bedarf mehr an der raffinierten Beate, sie verschwand von der Szene. Ihre letzte Spur führt nach Mallorca, wo sie, so behauptet eine Freundin von Heidi, sich über Wasser hält, indem sie deutschen Rentnern beiderlei Geschlechts Gefälligkeiten erweist.

Auch Sabine erinnert sich an eine Krankenschwester mit gemischten Gefühlen: »Ihr wisst doch noch, dass vor ein paar Jahren Schwanz-Paul öfter mal bei mir zu Besuch war, weil mein alter Egon mit seinen dämlichen Juwelen häufiger in Antwerpen, Paris und Johannesburg war als zu Hause in Blankenese. Und wenn ich mir schon ein Spielzeug gönne, dann soll es auch etwas

Handfestes sein und das hat Paul nun mal, egal, was man sonst von ihm hält. Weil man mit ihm aber nur in ein Pornokino oder in einen Swingerclub gehen kann und es Sonntag war, fuhr ich ihn in diesen Klub in der Nähe von Buxtehude, wo die Männer angeblich mit den Schwänzen bellen. Ihr habt ja sonntags geschlossen, Marion, was sollte ich machen.«

»Du hättest nur anzurufen brauchen, dann hätte ich dir eine Party wie für die Freundin von diesem Fotografen besorgt. Für eine Frau wie dich habe ich immer genug Männer auf der Latte.«

»Heute weiß ich das ja, aber damals war die Not einfach zu groß. Und was passiert? Gerade bin ich mit ihm so richtig schön zugange, ich gebe meinem Pferdchen die Sporen, wie es Helga nicht besser könnte« – »Brrrrrr«, schnaubt es aus der Ecke –, »da legt sich eine Frau neben uns, kann nicht aufhören, zwischen uns zu greifen, Pauls Geschütz – und mich auch übrigens – zu befummeln und es erst recht nicht mehr loszulassen, als ich genug von ihm habe. Sie hat es die ganzen nächsten Monate nicht mehr losgelassen, denn ein solches Format war immer ihr Wunschtraum gewesen, für sie war das wie Weihnachten und Geburtstag in einem. Ratet mal, was sie von Beruf war. Sie hatte so viele kurze Nieten unter Ärzten und Patienten gezogen, eine klassische Schwanz-Pechsträhne, dass sie sich schon vorkam wie Schneewittchen mit den 70 Zwergen, und dann steht plötzlich so ein Riesending vor ihren Augen, man kann sie als Frau ja verstehen. Aber wisst ihr, ich war nicht einmal unglücklich, als ich alleine nach Blankenese zurückfuhr. Was sollte ich auf Dauer mit einer Schlaftablette, bloß weil er diesen Lümmel hat, der ständig an ihm rumsteht? Sobald der da unten bei ihm prallvoll ist, herrscht doch in seinem Gehirn Blutleere. In solchen Stunden denke ich oft, dass es die Nonnen besser haben als wir. Neben denen schläft keiner ein, wenn man ihn mal in die Staatsoper schleppt.«

»Dann geh doch in dein Kloster«, faucht Angelika, in der bei dem Namen Schwanz-Paul neue Unruhe ausgebrochen ist. »Geh nur, dann fallen für Anne, Karin und mich ein paar Dutzend mehr ab als bisher. Herr im Himmel, Marion, willst du nicht schnell ein paar von den Jungs für eine kleine Zwischenmahlzeit anrufen, das hält man ja nicht aus. Jetzt wäre mir sogar ein kleiner Chinese oder Japaner oder Koreaner recht. Oder ein Inder, Burmese, Malaysier, Indonesier, Marianer, Nationalchinese, Mikronesier, welche von den Fidschi-Inseln, mit Widerhaken an den Pinseln ...« Sie betet ihre ganze fernöstliche Litanei herunter, schreckt vor keinem Kalauer zurück, aber Marion ist erbarmungslos.

»Womöglich noch welche von den Philippinen, mit Eiern groß wie Apfelsinen? Nein, Angelika, heute ist und bleibt es ein reiner Frauenabend. Ein einziges Mal muss es auch ohne Männer gehen, schließlich ist Susanne auch noch da, wenn du sie nett bittest. Und wenn alle Stricke reißen, kann ich dir unseren schwarzen Othello ausleihen, er steht ganz rechts im Regal der Sektbar, 40 Zentimeter vom feinsten Hartgummi und zehn Zentimeter im Durchmesser. Du wärst nicht die Erste, der wir mit Othello auf die Sprünge helfen.« Angelika keucht.

So groß scheint das Elend, dass Susanne hinüberrollt und mit ihrer Therapie beginnt. Das Keuchen kann sie zwar nicht abstellen, doch wechselt es jetzt in eine höhere Tonlage. Voll Anteilnahme schauen die anderen fünf zu, sogar in Helgas Augen glimmt ein Funken Mitgefühl. Und Anne, die als Medizinerin das größte Verständnis für Angelikas Leiden hat, ist so gerührt, dass sie ihr gleich das größte Geheimnis anvertrauen wird, das Hamburgs und Schleswig-Holsteins Krankenschwestern miteinander teilen. Doch erst einmal lässt sie Susanne ihre Mission erfüllen, bis sich Angelika erleichtert zur Seite wälzt: »Dieses war der zweite Streich.«

Drittes Kapitel

Angelika

Warum juckt es bloss immer so?

»Na, mein kleines Pfläumchen«, maunzt Susanne und fährt sich mit der Zunge genüsslich über die Lippen, »geht es dir jetzt ein kleines bisschen besser? War ja wohl ein ganz akuter Notstand, fühl mal, Anne.« Die Krankenschwester, der nichts Menschliches fremd ist, streicht mit dem Mittelfinger der rechten Hand von unten nach oben durch Angelikas Notstandsgebiet, nickt bestätigend, streckt dann die Linke nach Susanne aus und stößt einen leisen Überraschungsschrei aus: »Aber bei dir doch auch, ihr solltet euch von Udo Handtücher bringen lassen, sonst trocknen die Pfützen unter euch nicht bis zum FKK bei Kerzenschein morgen Abend.« Das hält die Samariterin jedoch nicht davon ab, beide Mittelfinger in den Spundlöchern der Freundinnen kreisen zu lassen.

Und schon erwacht Angelika zu neuem Leben. »Wenn du so weitermachst, ffffffff, kannst du es mir auch gleich mit dem Othello besorgen. Nein, warte einen Moment, sonst kann ich mich nicht auf euer Krankenschwestern-Geheimnis konzentrieren, das du mir versprochen hast, bevor Susanne über mich herfiel.«

»Möchte wissen, wer über wen herfiel.« Die Gattin des Händlers mit edelsten Meeresfrüchten mault wie ein Fischweib. »Die hat mir doch mit ihrer Pflaume fast die Zähne ausgeschlagen, so sind die Gäule mit ihr durchgegangen. Das ist nun der Dank dafür, dass man versucht, einer Kranken zu helfen.«

»Selber krank«, äfft die Patientin sie nach und beugt sich über Annes immer noch kreisenden linken Mittelfinger. »Seht ihr, wie die schon wieder zuckt? Los, Anne, mach sie fertig, sonst bekommen wir dein Geheimnis nie zu hören.«

Die, erfüllt von medizinischem Berufsethos, tut wie ihr geheißen, dann weht ein tiefes Seufzen aus sieben Kehlen durch den Roten Salon, der Anblick der sich windenden und wild mit den Hüften stoßenden Susanne hat keine kalt gelassen. Jetzt schenkt Marion vom Balsam der Witwe Clicquot nach, alle prosten sich zu, endlich kann Anne von ihrem Rezept gegen die Nymphomanie berichten. Doch verantwortungsvoll, wie sie ist, warnt sie Angelika erst einmal vor den Nebenwirkungen – und vor zu hohen Erwartungen.

»Ein Allheilmittel ist das natürlich nicht, sonst läge ich heute Abend nicht hier, sondern würde mit meinem Ollie vor der Glotze sitzen und den Dünnpfiff oder, wie die Schweizer sagen, den Tout de suite von diesem großmäuligen Kerner anschauen. Aber wenn du meine ›Pille‹ geschluckt hast, im wahrsten Sinne des Wortes geschluckt, glaub es mir, dann willst du eine Weile nur noch deine Ruhe. Ich bin dann immer eine volle Woche aus dem Verkehr gezogen, so wund und satt bin ich danach. Bei dir hält es vielleicht nur zwei, drei Tage lang vor, ich weiß ja, was du abkannst, aber ein dutzend Mal pro Tag den Vibrator oder die elektrische Zahnbürste – das brauchst du erst mal nicht und kannst deine Hände sinnvoller einsetzen. Was meinst du, was man plötzlich mit ihnen alles für schöne Sachen machen kann: Makramee knüpfen, Ikebana stecken, Chopin oder Mikado spielen und deinem gerade aktuellen Kurschatten Ethno-Socken stricken, es ist der Himmel auf Erden ohne jedes Ziehen im Unterleib. Aber wund wirst du erst mal sein, das einzige andere Gefühl, das du da unten hast, ist eine ungewohnte Taubheit in deiner kleinen Erbse.«

»Erbse? Dass ich nicht lache. Angelika als Prinzessin mit der Erbse, das ist die Untertreibung des Jahres.« Susanne ist immer noch eingeschnappt, dass die »Mannstolle«, wie sie abfällig sagt, ihre Erste Hilfe nicht angemessen zu würdigen weiß. »Hier, schaut euch doch diese ›Erbse‹ an. Wenn wir uns schon Grimms Märchen erzählen, dann ist das eher ein Däumling oder ein Daumesdick, nur Karin hat einen größeren. Mein Gott, Kind, du wirst ja schon wieder nass.« Karin kichert geschmeichelt, Angelika aber verkündet voll Besitzerstolz: »Die ist immer nass.«

»Jetzt hör endlich auf, uns abzulenken, Finger raus, Susanne. Ich denke, Anne hat uns lange genug auf die Folter gespannt mit ihrem Wundermittelchen.« Selbst Helga, die Besonnenste und Kultivierteste der Runde, wird allmählich ungeduldig. »Ist es eine Salbe, die Angelika auf ihre brennenden Teile streichen soll, oder wird es intravenös verabreicht? Und gibt es das auf Rezept und Krankenschein, zahlt es die Kasse, oder hat Frau Gesundheitsministerin das etwa auch gestrichen?«

»Nix Salbe, nix intravenös, das Mittel wird vaginal, oral oder höchstens noch manuell eingeführt, von anal rate ich ab. Kostet keinen Pfennig, höchstens ein paar Flaschen billigen Sprit, und falls die Ministerin davon gehört haben sollte oder es womöglich selber einnimmt, werde ich beim nächsten Mal wohl eine andere Partei wählen müssen, von so jemand möchte man doch nicht regiert werden. Nein, das Medikament ist nicht im Handel, jedenfalls nicht in Apotheken, und hat den schönen Markennamen ›Guinea‹. Nicht Guinness, wie Karin wohl gedacht hat, sondern G-U-I-N-E-A, könnt ihr euch das merken? Schwarz wie diese irische Brühe ist es zwar auch, aber geschluckt wird es nicht, oder doch nur in kleinsten Portionen. Aber Flecken, die nicht mehr rausgehen, macht es genauso, wenn man etwas davon verschüttet wie ich beim ersten Mal, als ich blödsinnigerweise meinen Regenmantel dabei anließ. Seitdem habe ich keinen Fetzen mehr auf dem Leib, wenn ich es einnehme.«

»Guinea?«, fragt Sabine hoffnungsfroh. »Kommen da nicht die Jungs mit diesen weißen Rohren her, die ihnen einen halben Meter vom Bauch hochstehen?«

»Nein, das sind die aus Neu-Guinea in Ostasien, die du meinst. Außerdem werden die gern überschätzt mit ihrem halben Meter, das solltest doch gerade du wissen, Sabine, alles fauler Zauber. Ich habe neulich ein Foto von einem ohne Rohr gesehen, da konnte ich nur lachen, wie mickrig das Ding war. Alles Angabe, reine Angabe, wie bei den Landsknechten im Mittelalter mit ihren bombastischen Futteralen vorne an der Hose, von deren Inhalt dann die Marketenderinnen immer so enttäuscht waren, wie man in den Büchern über den Dreißigjährigen Krieg liest. Aber mit meinem G-U-I-N-E-A in Westafrika, da hätte Angelika was Reelles, alles echteste und schwärzeste Natur, reines Ebenholz, man bekommt, was man sieht, und manchmal fast mehr, als man vertragen kann. Obwohl: Von den Kolleginnen, mit denen ich gesprochen habe – und das sind reichlich, sie kommen bis aus Flensburg, Nordenham und Braunschweig angereist – hat sich noch keine beschwert, dass es ihnen zu viel oder zu groß geworden wäre.«

Angelika schluckt tief, drei oder vier Mal, damit ihr der Speichel nicht aus den Mundwinkeln tropfen kann: »Und wie komme ich an die Jungs ran oder die an mich? Muss ich erst auf die Botschaft von Guinea, die ganzen Diplomaten an den Eiern kraulen, ein Visum beantragen oder sonst noch irgendwelchen Papierkram? Mache ich es wie beim letzten Kenia-Urlaub, setze mich einfach in eine Hotelbar, wo Schwarze verkehren, möglichst so, wie du damals die kleinen Japaner auf der Reeperbahn scharf gemacht hast? Oder soll ich zur Sicherheit ein Päckchen

Kondome auf den Tresen legen, das funktioniert doch eigentlich immer?«

»Mit Reeperbahn liegst zu ziemlich gut. Es ist in einer Nebenstraße, die genaue Adresse verrate ich nicht, weil das ein Geheimtipp nur für Krankenschwestern ist und es auch bleiben soll. Nur so viel: Es ist ein Wohnheim für Männer aus Westafrika, nicht nur Guinea, sondern auch Togo, Ghana, Elfenbeinküste und anderen Ländern in der Gegend. Fast alle sind gedrungen und kräftig, kaum einer über 1,70 groß, und genau so sind sie auch zwischen den Beinen: mittelgroß und so dick, dass man randvoll damit ist, ohne dass er hinten bei dir anstößt. Wenn wir dir dann vor Ort die Augenbinde abnehmen, wirst du sehen, dass ich nicht übertrieben habe.«

»Wieso Augenbinde? Warum nicht gleich auch noch Knebel, Handschellen und Keuschheitsgürtel?« Angelika beginnt die Sache unheimlich zu werden.

»Nein, nein, wir Krankenschwestern sind doch keine Unmenschen. Schließlich hat man als Frau immerhin drei Öffnungen, die wollen alle bedient sein und die Hände dazu, man ist ja keine Maschine, die bestiegen wird, sondern man will auch tasten, fühlen und reiben können, das ist manchmal sogar das Aufregendste, nicht wahr, Sabine? Nein, Angelika, mein geiler Schatz, die Augen verbinden wir dir nur, damit du dir nicht den Weg dorthin, den Straßennamen und die Hausnummer merkst und dann mich und meine Kolleginnen ausstechen kannst. Dann bist du jede Woche mindestens zweimal da und wir schauen in die Röhre.«

Marion in ihrer Ordnungsliebe will nun alles genau wissen: wie Anne von diesem El Dorado für Frauen erfahren hat, wann sie es ausprobierte, was da so im Einzelnen abläuft und ob es nicht zu riskant für einzelne Frauen ist. Weil aber die vielseitig begabte Krankenschwester so bildhaft, detailverliebt und pointenreich zu erzählen versteht, dass sie immer wieder minutenlang vom Gelächter der anderen und auch ihrem eigenen unterbrochen wird, wollen wir uns hier mit einer Zusammenfassung im Zeitraffer begnügen. Anne möge uns verzeihen, aber die Leser wollen auch noch von Karins, Susannes und Helgas Neigungen erfahren, die jeden erotischen Roman aus dem Frankreich des 18. Jahrhunderts schmücken würden. Marion soll die Gelegenheit bekommen, uns die Hitliste der merkwürdigsten Journalisten im Klub zu präsentieren. Also rasch hinüber nach G-U-I-N-E-A, gleich hinter der Reeperbahn.

Entdeckt hatte dieses Nymphomaninnen-Paradies Annes Freundin Birgit bei einem ihrer wöchentlichen Bummel auf der Meile zwischen Millern- und Nobistor. Während sie auf ihren Freund Knut wartete, der in einem Hinterhof seine Blase erleichterte, war sie von einem jungen Farbigen in gebrochenem Deutsch angesprochen worden: »Du viel schwarze Mann, alles ficki-ficki.« Dabei hatte er sich ausdrucksstark im Schritt geknetet und dann mit beiden Händen ein Format angedeutet, das selbst eine so erfahrene Frau wie Birgit für unglaubwürdig hielt. Um dem Wahrheitsgehalt seiner Behauptung auf den Grund zu gehen, packte sie Knut, der gerade unter dem Torbogen seinen Reißverschluss wieder hochzog, am Arm und zog ihn hinter dem Schwarzen her. Im Parterre eines Altbaus gerieten sie an einen nach Fusel stinkenden Hausmeister in schmuddeligem Morgenmantel und Filzpantoffeln. Für »zwei Buddel Korn oder vier Heiermänner« dürften sie dem Schwarzen in den vierten Stock folgen, »sonst haut ab, aber dalli«.

Knut sah Birgits Blick und schob dem Hausmeister einen Zwanziger zu. Dann stiegen sie hinter ihrem Fremdenführer her bis hinauf unters Dach, vorbei an Dutzenden seiner Landsleute, die im Treppenhaus herumlungerten. Oben angekommen, öffnete er eine Tür, Birgit sah ein breites Bett und wusste, was von ihr erwartet wurde. Kaum lag sie nackt auf dem Rücken, forderte ihr Entdecker gestenreich das Recht des ersten Ritts ein, das sie ihm auch ohne falsche Scham zubilligte.

Ein halbes Dutzend Farbiger wollte sich währenddessen zur Tür hereindrängen, doch Knut, Polizist und ehemaliger Schwergewichtsboxer, war Manns genug, den Verkehr zu regeln: »Einer nach dem anderen, wie in Paris.« Sie begriffen, ohne ihn zu verstehen. Bevor ihnen die Felle dicht unter ihrer Nase davonschwammen, stellten sie sich lieber in Reih und Glied vor dem Bett auf und warteten, bis Birgit frei war, doch das war sie immer nur für Sekunden. Gegen neun Uhr hatte sie das Wohnheim betreten, kurz nach Mitternacht wankte sie die Stufen wieder hinab. Knut war schließlich so verständnisvoll, dass er die Erschöpfte die letzten hundert Meter bis zum Auto trug, wo sie sofort einschlief.

Ein paar Stunden später stand der Hausarzt vor ihrem Bett und verschrieb ihr eine Woche Bettruhe. Das war am Dienstag. Doch schon am Donnerstag war sie wieder soweit zu Kräften gekommen, dass sie sich Anne anvertrauen konnte, die auf einen Krankenbesuch vorbeigekommen war. So richtig Spaß habe es erst nach dem fünften oder sechsten gemacht, weil die armen Jungs ja so ausgehungert gewesen seien, wochen- oder monatelang keine Frau, immer nur die eigene Hand, was sollte man erwarten. Nach dem zwanzigsten hatte sie aufgehört zu zählen, sie habe die Augen zugemacht und nur noch genossen, was scherten sie Knoblauch, Schweiß und Bierfahne, das hätte sie noch nie bei einem Mann gestört.

Als Anne dann auch noch erfuhr, dass die Ausstattung von Birgits Mitspielern genau ihrem Wahlspruch »Die kurzen Dicken sind die besten« entsprach, beschwor sie die Rekonvaleszentin, so rasch wie möglich mit ihr den Ausflug in den vierten Stock zu wiederholen, wobei sie ihr gerne die Hälfte der Arbeit abnehmen wolle, das verspreche sie. Birgit, die ihrem Pfläumchen, wie Susanne gesagt hätte, ursprünglich eine ganze Woche Schonung verordnet hatte, verspürte daraufhin eine jähe Linderung und Genesung, hätte ihre Freundin am liebsten gleich abends ins Heim begleitet, doch schließlich einigten sie sich auf Sonnabend, damit auch Annes Lebensgefährte Ollie, ein Mann in der gleichen Gewichtsklasse wie Knut, mit dabei sein konnte.

Birgits Besuch hatte sich unter den Farbigen wie ein Lauffeuer verbreitet, denn diesmal war der Aufstieg unters Dach das reinste Spießrutenlaufen. Zwar wurden die Frauen durch Knut und Ollie vorn und hinten abgeschirmt, doch von der Seite streckte sich ihnen von Stockwerk zu Stockwerk eine solche Vorfreude entgegen, dass sie nicht umhin konnten, sie da und dort mit spielerischer Hand zu schüren. Oben angekommen warfen sie sich, wie vor Tagen Birgit allein, auf dem Bett in Positur, die beiden Schwergewichtler bauten sich davor auf und spielten Platzanweiser, immer nur ein Mann pro Frau und niemals über Kreuz, für etwas Raffinierteres als die Missionarsstellung fehlte allen Beteiligten ganz einfach die Zeit.

Anne erzählte später, Birgits Knut, im »Nebenberuf« Kassenwart seines Sparklubs, habe eine Strichliste geführt und 48 Einheiten pro Frau errechnet. Angesichts dieser Größenordnung verstieg er sich beim anschließenden Umtrunk unter acht Augen zu der Behauptung, er und Ollie seien ja wohl die tolerantesten Partner der Welt, wer sonst wäre so selbstlos zugunsten der Geliebten. Worauf Birgit, so Anne, konterte: »Ach Schatz, sei ehrlich, es macht dich doch geil, wenn du zuschauen kannst, wie ich durchgevögelt werde«, was wiederum Knut dann verlegen, aber wahrheitsgemäß bestätigt haben soll.

Weil sich bei Birgit diesmal keinerlei Krankheitssymptome zeigten – schließlich hatte sie nicht die ganze Last alleine tragen müssen – und die robustere Anne schon im ersten Anlauf alles ganz fröhlich weggesteckt hatte, schien es ihnen zu egoistisch, ihre Bonanza vor den Kolleginnen im Krankenhaus zu verheimlichen und alles für sich allein zu beanspruchen. Und wie nicht anders zu erwarten, wollten alle aus dieser sich ständig erneuernden Energiequelle schöpfen. Den Entdeckerinnen fiel die Aufgabe zu, einen gerechten Dienstplan für die Besuche im Haus hinter der Reeperbahn zu erstellen. Trotz gelegentlicher Sticheleien, weil Anne und Birgit mindestens dreimal pro Monat Dienst im vierten Stock schoben (»Da haben sich die Böcke zu Gärtnern gemacht«), waren alle klug und verschwiegen genug, das Arztgeheimnis zu wahren und sich nun schon seit Jahren dieses kolossale Orgasmus-Potential zu teilen, ohne dass eine berufsfremde Abenteurerin davon Wind bekommen hätte.

Die klammheimliche Tariferhöhung des Hausmeisters auf drei Flaschen billigen Fusels nahmen sie klaglos in Kauf, nur wenn einer der Hengste sich zu der Idee verstieg, Honorar für die wenigen Minuten Liebesdienst zu verlangen, streikten die Damen. Doch der diskrete Hinweis an den Hausmeister, ihm werde der Schnapshahn zugedreht, wenn er den Störenfried nicht disqualifiziere, sorgte rasch wieder für Frieden und Ordnung im Pferdestall, wie sie es nannten. Und als Birgit schweren Herzens in die Schweiz zog, rückte Annes Freundin Heidi aus einem Nachbarkrankenhaus an ihre Stelle und verbesserte auf Anhieb den bisherigen Rekord auf stolze 63 Einheiten pro Abend. Soweit unsere knappe Zusammenfassung dessen, was Anne eine halbe Stunde lang vor ihren Freundin im Roten Salon referierte.

Sekundenlang herrscht beeindrucktes Schweigen in der Runde, nachdem Anne Heidis Rekordleistung verkündet hat. Susanne rümpft zwar angewidert die Nase, wenn sie an die nach Bier, Schweiß und Knoblauch stinkenden Kerle denkt, und auch Helga schaudert es vor so viel unkultiviertem Sexkonsum. Die reinste Männerfresserei, keine Spur von gepflegter Konversation vorher oder danach, immer nur das eine, und das in der immer gleichen Position mit immer dem gleichen vorhersehbaren Resultat. Nur Karin wagt ein Kichern, das Helga sofort als lüstern kritisiert, und endlich rafft sich Angelika, deretwegen ja Anne das Geheimnis gelüftet hat, zu einer Wortmeldung auf: »63 Männer an einem Abend? Was bekomme ich, wenn ich 64 schaffe?«

»Vielleicht sollten wir Lore aus Norderstedt neben dich legen bei deinem Rekordversuch, die würde mit dir Hase und Igel spielen, jede Wette. Wenn du bei 64 anschlägst, ist sie dir garantiert schon wieder einen voraus.« Kopfschüttelnd erinnert sich Marion an ihre einzige Kundin in 21 Jahren, die jedes Mal unbefriedigt den Klub verließ, so viel Männer man ihr auch zum Fraß vorwarf. »Udo, komm doch mal zu uns und erzähl, wie dich Lore beim ersten Mal das Fürchten gelehrt hat. Und bring noch eine Flasche Veuve Clicquot mit.« Udo, der sich bisher damit zufriedengab, hinter den Kulissen für das Wohl der Jubiläumsrunde zu sorgen, teilt den Vorhang zum Salon, spritzt einen Schuss Champagner wie bei der Formel-1-Siegerehrung über die kreischenden Damen und legt dann die Stirn in Falten. Er scheint es immer noch nicht glauben zu können, was er damals mit Lore erlebt hat.

»Sie war ein Tier, ganz einfach ein Tier. So Mitte vierzig, vielleicht fünfzig, ein schwerer quadratischer Körper, überhaupt keine Taille; wenn sie Karins Rubens-Figur gesehen hätte, wäre sie neidisch geworden. Kräftige Oberschenkel, ja, die hatte sie, aber so kräftig, dass alles dazwischen verschwand, sogar die Haare, zum Rasieren war sie zu faul. Ihr Mann war bald 25 Jahre älter und ging angeblich nur mit nach hinten, um aufzupassen, dass ihr nichts passierte. Als ob der was hätte passieren können, riskant war es höchstens für die Männer, das erkannte ich auf Anhieb, deshalb wollte ich ein Auge auf sie haben, bevor sie einem von den vier jungen Burschen was abbeißt mit ihrem Pferdegebiss.«

Doch dann rutschte Udo als Erster in Lores Falle. »Sie zieht sich ihr kirschrotes Kleid, unter dem sie nichts anhat, über den

Kopf, legt sich mit weit gespreizten Beinen auf den Rücken, so weit, dass man das dünne Büschel Haare sehen kann und den Krater darunter, ich sage euch, ein regelrechter Krater, und greift sich den Nächstbesten, das war zufällig ich, was soll ich als Gastgeber machen? Von Vorspiel keine Spur, gleich rein mit dem Ding und kaum hat sie ihn drin, wird sie zur Maschine. Als ob ich auf den richtigen Knopf bei ihr gedrückt hätte, fängt sie plötzlich an zu stöhnen, immer nur die gleichen drei Worte: ›Fick die Fotze, fick die Fotze, fick die Fotze.‹ Und als ich das denn auch mache, steigert sie sich noch: ›Fick die geile Fotze, fick die geile Fotze …‹« Ein prustendes Gelächter aus Susannes Ecke belohnt ihn. Das ist die Sprache, die sie im Friseursalon kennen und lieben gelernt und auch an der Elbchaussee nicht vergessen hat. Aber Udo setzt noch einen drauf.

»Kaum bin durch mit ihr, müssen die vier Jungs ran, einer nach dem anderen. Wieder das gleiche Spiel, wieder die gleichen Worte, aber von Mal zu Mal lauter. Ich schaue etwas ratlos zu ihrem Alten hinüber, aber der zuckt nur mit den Achseln und sagt. ›Tja, wenns der Körper braucht …‹ Nach einer Viertelstunde ist sie mit den vieren durch, dreht sich um, geht in die Hundestellung, wackelt mit dem Hintern. Sie denkt wohl, es ist eine Ehre für mich, sie von hinten zu bespringen. Also gut, sage ich mir, der Kunde ist König, die Kundin erst recht. Nur ist sie nach fünf Einspritzungen derart rutschig, dass ich nach oben abgleite, jemand hat vergessen zu streuen, schon stehe ich vor der falschen Öffnung. Und wisst ihr, was sie sagt? ›Junge, wenn du einen Arschfick willst, solltest du zu meinem Mann gehen, der kann es besser.‹ Plopp, fällt alles bei mir zusammen, das war zu viel für ihn.«

Susanne hat sich in einen hysterischen Lachkrampf hineingesteigert, das gefällt ihr, wenn Frauen Klartext reden, nicht immer nur diese ordinären Kerle, die doch nur an das eine denken. Auch in Helga scheinen angenehme Erinnerungen aufzusteigen.

Verstohlen fängt sie an sich mit der Handkante zu reiben und bemerkt dabei nicht einmal die ironischen Blicke, die sich Sabine und Karin zuwerfen. Gedankenversunken sitzt auch Angelika in der Ecke, die Vorstellung von Lore als Spitzenreiterin im Männerverbrauch will ihr nicht gefallen. Plötzlich erhellt sich ihre Miene, ihr ist noch eine Steigerung eingefallen.

»Kann ja sein, dass die Dicke mit ihrem Krater mehr vertragen kann als ich, meine ist schließlich nicht aus Asbest. Aber ihr kennt doch alle meine Freundin Rosy, wenn's eine erfunden hat, dann sie. Nur schade, dass sie so weit weg wohnt, bis hinter Lüneburg ist es ja doch ein ganzes Ende, sonst hättet ihr sie viermal die Woche hier auf der Matte.« Marion und Udo schmunzeln, sie haben schon viele schöne Stunden mit Rosy erlebt.

Denn wenn sie, wie Angelika behauptet, die Nymphomanie schon nicht erfunden hat, so ist sie doch immerhin eine Pionierin im besten Sinn des Wortes. Die mollige Mittdreißigerin mit der blonden Kurzhaarfrisur war beispielsweise die Erste im Klub mit einer Intimrasur, ihr ist es zu verdanken, dass Angelikas heutige Leibfriseuse Mona zu einer Kultfigur in Hamburgs besseren Kreisen wurde.

Sie war es auch, die vor Jahren im Klub eine völlig neue Spielart von Tupperpartys organisierte, bei denen eine brave Barmbeker Hausfrau vom Glauben abgefallen wäre. Erst stimmte Rosy ihr Publikum mit einem Bauchtanz ein, der ihr in jedem Harem lebenslänglich eingebracht hätte, dann öffnete sie drei bunte Plastikdosen voller Scherzartikel wie Dildos, Vibratoren, japanische Liebeskugeln, Klammern und eine Brustpumpe. Um Missverständnissen bei den anderen Gästen vorzubeugen, führte sie ihnen erst einmal den sinnvollsten Gebrauch der Spielzeuge am eigenen Leib vor, kippte schließlich, von so viel Reizeffekten überflutet, auf der Bank vor dem Tresen hintüber, um ihr von Mona liebevoll präpariertes Juwel den Zungen der Zuschauer entgegenzustrecken. Alle nahmen sie dieses Sonderangebot wahr, Männlein wie Weiblein, nie hat es eine feuchtfröhlichere Tupperparty gegeben.

Angelikas Lieblingsgeschichte über Rosy ist die von ihrer mitternächtlichen Heimfahrt in das Nest hinter Lüneburg. Obwohl der Abend im Klub wieder einmal höchst ergiebig gewesen war, überkam sie auf halber Strecke die Lust nach einem kleinen Nachschlag. Also steuerte sie den nächsten Parkplatz an, holte ihren Lieblingsdildo Romeo aus der Tupperdose – alle ihre Spielzeuge haben Kosenamen wie Hagelhans, Luigi oder Leporello – und begann mit ihrer Entspannungsgymnastik. Plötzlich stach ihr das Licht einer Taschenlampe in die Augen, zwei Polizisten standen vor ihrem Golf Diesel und wollten wissen, was sie da im Dunkeln treibe. Rosy hob ihren Rock, zeigte ihnen, was von Romeo aus ihr hervorstach und bat artig: »Warten Sie noch zehn Minuten, dann kann ich weiterfahren, im Moment bin ich ein Verkehrsrisiko.« Die Beamten zeigten Geduld und Verständnis für Rosys Not, danach eskortierten sie sie bis hinter Lüneburg, um bei einem weiteren Notfall rechtzeitig eingreifen zu können.

Inzwischen hat sich Angelika in Feuer geredet, ihre Wangen glühen. »Und dann erst unsere Lydia, ich glaube, das ist die Schärfste von allen, vielleicht liegt es ja an ihrem Kitzler, weil der noch größer als der von Karin ist.« Susannes Einspruch, dass das mit der Größe nichts zu tun habe, sonst müsste Sabine mit ihrem Miniaturknöpfchen noch Jungfrau sein, überhört sie geflissentlich: »Ihr habe ich schließlich auch den Tipp mit der elektrischen Zahnbürste zu verdanken, wer sonst als Lydia wäre auf eine solche Idee gekommen. Aber warum ist sie heute Abend denn nicht hier, Marion, eine Rakete wie sie ist doch für alle eine Bereicherung?«

»Weil wir dann nicht zum Erzählen gekommen wären. Der Verlag will schließlich kein Jubiläumsvideo, sondern ein Jubiläumsbuch.«

Die Natur und die Symmetrie von Marions Buch zwingen uns dazu, dass Lydia nur als Randfigur in diesem dritten Kapitel erscheint. Auf den ersten Blick wirkt die schlanke 32-Jährige mit schulterlangen braunen Haaren zwar hübsch, aber erotisch eher unscheinbar. Doch kaum legt sie ihre Kleider ab, schlägt dieser Eindruck ins Gegenteil um, vor allem die intimeren Teile – dazu braucht man keine Expertin wie Susanne zu sein, um das zu erkennen – sind hochexplosiv. Die offenbar dauererregten Brustwarzen sind so groß wie das oberste Glied ihres Mittelfingers und das von Angelika bewunderte Gegenstück unterhalb des Bauchnabels, das frech aus einem üppigen, festen Kussmund heraussteht, würde selbst einen Säulenheiligen vor ihr in die Knie zwingen.

Weil ihr Lebensgefährte, ein dekadenter Jüngling aus preußischem Adel, nichts Besseres weiß, als ständig hinter den alten Rittergütern seiner Ahnen in Polen und der Mark Brandenburg herzuhecheln, hat Lydia viel Zeit für ihr einziges Hobby.

Marion will sich diesem Baron Theodor in ihrem nächsten Buch über die peinlichsten Gäste des Klubs ausführlicher widmen, doch sei an dieser Stelle angedeutet, dass seine Potenz allenfalls zur Verbalerotik taugt. Lydia spricht zwar auch gern und viel drastischer als ihr Theochen über das Thema eins, aber lieber als Worte nimmt sie eben Handfesteres in den Mund. Und während er seine Zeit zwischen Potsdam und Krakau vergeudet, geht sie in Hamburg auf die Jagd und hat bisher immer ihr Vergnügen gefunden.

Denn wählerisch ist sie zum Glück nicht, sie sucht den direkten Weg zum Ziel. Bis acht Uhr abends , wenn Udo und Marion ihre Gäste empfangen, ist es eine lange Zeit, sieht man einmal von der Mittwochs-Matinee ab zwölf ab, doch die Pornokinos hinter dem Hauptbahnhof öffnen spätestens um zehn und dort ist Lydia eine der Ersten, um kräftig abzusahnen. Um ihre Designerjeans und -blusen vor Spermaflecken zu schützen, gibt sie sie als Erstes zusammen mit der Wäsche an der Kasse ab, dann stürzt sie sich splitternackt hinein ins Halbdunkel – sehr zum Verdruss von Strichjungen und homosexuellen Handelsvertretern, die unter wüsten Verwünschungen den Kürzeren gegen sie ziehen.

»Neulich mittwochs«, erzählt Marion, »haben wir uns schon Sorgen gemacht, weil sie gegen eins immer noch nicht da war. Dann endlich steht sie lachend vor uns, etwas verklebt wirkt sie und sagt: ›Erst einmal duschen.‹ Danach hat sie sich mit einem doppelten Gin den Mund ausgespült, das hatte sie genauso nötig. Was passiert war? Statt wie sonst immer nur den ganzen Laden auszumelken und sich lecken zu lassen, stellte sie sich breitbeinig vor eine dieser Kinokabinen hin und machte die Kerle wild, indem sie an sich herumspielt. Plötzlich wird sie auf eine Holzpritsche gedrückt, ihr wisst ja, wie eng es in diesen Schuhkartons ist, und sechs Mann stürzen sich auf sie, war das eine Freude. Sie behauptet, dass fast alle gleichzeitig gekommen sind, in ihrer Pflaume, im Mund, in den Händen und an den beiden Fußsohlen, kein Wunder, dass sie die Dusche nötiger hatte als den Gin.«

Nachmittags geht Lydia zum Shoppen, am liebsten in die Unterwäsche-Abteilungen der Kaufhäuser, und provoziert dort die Ehefrauen. Nur in Strapsen und BH kommt sie aus der Umkleide und fragt deren Männer scheinheilig, ob es ihm, »pardon«, ihr stehe. Die giftigen Blicke der Damen kontert sie mit einem schnippischen »Kann ich doch nichts dafür, dass Sie nicht meine Figur haben«. Danach hat sie sich eine Pause im Eiscafé verdient, und weil sie, wann immer es die Temperatur erlaubt, auf ein Höschen verzichtet und das gar nicht erst zu verbergen versucht, läuft das oft auf einen Quickie in der Herrentoilette hinaus, als Sahnehäubchen auf dem Kaffee sozusagen.

»Und ihr ist bei diesem wilden Treiben noch nie etwas passiert«, fragt Karin ungläubig und fühlt den Neid darüber, was ihr bisher alles entgangen ist, in sich hochsteigen. »Nie Ärger mit der Polizei, keine Krankheiten?«

»Nein, nichts derart«, sagt Susanne und lächelt versonnen.

»Außerdem«, fährt Angelika fort, »ist sie ein Sonntagskind und glaubt auch daran, dass ihr deshalb nichts passieren kann. Allein schon das ist wichtig, wenn man heil durchkommen will. Egal in welchen Ring sie steigt, sie diktiert das Geschehen. Das vertreibt die Weicheier und Schlappschwänze und bewahrt sie vor Enttäuschungen. Davon sollte sich unsere kleine Pierrette aus Toulouse eine Scheibe abschneiden, so süß sie auch aussieht, wenn sie so daliegt im Gynäkologenstuhl mit ihrem Metro-Ticket über der rasierten Spalte.«

»Wieso Metro-Ticket?« Karin scheint noch nie in Paris gewesen zu sein.

»Weißt du nicht, dass diese raffinierten Französinnen immer zwei Fliegen mit ihrer Klappe schlagen wollen? Für die, die gerne die Pflaume sehen wollen, rasieren sie sich bis rauf zum Kitzler, und für die, die auf Haare da unten stehen, lassen sie einen Streifen so groß wie ein Fahrschein dran.«

»Aber warum Metro?«

»Weil man in der Pariser U-Bahn das Ticket in den Schlitz am Drehkreuz schieben muss, wenn man auf den Bahnsteig will. Und Pierrette will doch auch die ganze Zeit etwas in ihren Schlitz geschoben bekommen, warum liegt sie wohl den ganzen Abend im Stuhl und macht die Beine breit?«

»Und schläft dann irgendwann einmal dabei ein.« Marion lacht und erzählt die letzte Nymphomaninnen-Geschichte des Abends. »Ihr wisst ja, sobald sich Pierrette ausgezogen und ihren ersten Pernod mit möglichst wenig Wasser intus hat, rennt sie nach hinten und wirft sich in den Gynäkologenstuhl. Und jede und jeder, der an ihr vorbei will, entweder in die Sauna, auf die Schaukel oder in den Dark Room, muss ihrer Pflaume einen

Wegezoll entrichten, egal ob mit der Zunge, mit dem Finger oder noch etwas Härterem. Ist der Passant schließlich fertig, lässt sie ihn immer noch nicht durch, sondern befiehlt: ›Bring mir den Nächsten.‹ Und so schafft sie es, dass sie ständig einen drin hat, wie beim Staffellauf. Bis sie nach dem achten oder zehnten Orgasmus erschöpft einschläft. Worauf sich Udo den Spaß erlaubt, seinen trotzdem reinzuschieben. Sie wacht auf, Udo will sich diskret zurückziehen, da fängt sie an zu schreien: ›Mach sofort weiter.‹«

Helga, die die Szene zufällig beobachtet hatte, ergänzt: »Und die erste Zeile der Marseillaise hat sie dann geträllert: ›Allons enfants de la patrie.‹ Doch beim ›Le jour de gloire est arrivé‹ war sie schon wieder eingeschlafen. Sie ist eben nicht mehr die Jüngste mit ihren knapp 60 Jahren.« Das ist das Stichwort für Karin.

Viertes Kapitel

Karin

Nichts am Manne ist ihr heilig

»Soso, ist mit 58 Jahren nicht mehr die Jüngste und schläft schon nach dem zehnten Orgasmus ein, ach Gottchen, nein aber auch. Klar, Frau Herrenreiterin sitzen auch nach dem elften fest im Sattel, aber nur, weil sie ihn sich selber abgerieben hat, während es ihr Bodo mit einem anderen ›perversen Schwein‹ einen halben Meter vor ihren Augen treibt.« Karin scheint sich von Helga in ihrer Würde als reife Frau verletzt zu fühlen. »Und ich mit geschlagenen 63 sollte wohl schon nach einem halben Dutzend Nummern in die Heia gehen und meinen Schönheitsschlaf antreten, während Madame Helga, jung und knackig wie sie ist, die ganze Nacht ihr Steckenpferd reitet oder besser: reiten lässt.«

Bei den Worten »jung und knackig« schießt Helga das Blut ins Gesicht, sogar sie erkennt Karins ätzende Ironie. Die Mittfünfzigerin ist sich sehr wohl bewusst, dass es nur die teuren Boutiquen hinter dem Jungfernstieg, das Fitness-Studio in Pöseldorf und ihre Kosmetikerin sind, die sie im mildtätigen Dämmerlicht des Roten Salons 20 Jahre jünger erscheinen lassen. Und nur weil sie klug genug ist, sich – im Gegensatz zu Angelika – nicht unter Monas Klinge zu begeben, kann der schwarze Busch, der so üppig wuchert wie zwei aneinander gelegte Fäuste groß sind, die entlarvend langen Lippen darunter verbergen. Zwar hat ihr die Natur hier wie dort eine gewissen Schmallippigkeit mitgegeben, doch weil sie angesichts der »Perversionen« ihres Mannes jedesmal so ekstatisch daran zerrt wie zwei zänkische Meerschweinchen an einem Salatblatt, hat das weit herabhängende Spuren hinterlassen. Susanne wird sie im nächsten Kapitel mit spitzen Fingern vor uns aufblättern.

Karin dagegen denkt gar nicht daran, irgendetwas von sich hinter irgendeiner Fassade zu verstecken. Sie gehört zu jenen 90 Prozent von Marions weiblichen Gästen, die dem blitzblanken orientalischen Schönheitsideal anhängen und regelmäßig mit dem Rasiermesser Hand an sich legen. Keiner im Klub hat sie je mit übereinandergeschlagenen Beinen sitzen sehen, genauso stolz ist sie inzwischen auch auf ihre an manchen Stellen überquellende Rubens-Figur, wie Udo sie nennt.

Doch das war nicht immer so. Als sie schließlich am 54. Geburtstag – unter rabiater Mithilfe von Tochter Renate – ihren Untermieter Benno ins Bett locken konnte, hatte sie vorher schamhaft alle Glühbirnen im Schlafzimmer herausgedreht. Erst im dritten Anlauf war es Renate inmitten der pechschwarzen Dunkelheit gelungen, Benno bei ihrer Mutter einzufädeln, weshalb die Jüngere am nächsten Abend nicht nur ein Päckchen Kondome, sondern auch eine Taschenlampe mit hineinschmuggelte. Nachdem Benno wie am Vorabend das geforderte Pensum zur Zufriedenheit der Damen bewältigt hatte, durfte er zur Belohnung im Schein der Taschenlampe die Reize von Mutter und Tochter miteinander vergleichen. Sein Urteil fiel so schmeichelhaft für Karin aus, dass sie noch am gleichen Abend die Glühbirnen wieder einschraubte, um in voller Beleuchtung und aus nächster Nähe an Benno das zu begutachten, was sie bis dahin nur morgens beim Zähneputzen gesehen und vermessen, aber erst am Vorabend im Dunklen eingesackt hatte.

Derart in ihrem Selbstbewusstsein gestärkt, war es nur noch ein Schritt zum ersten Besuch im Alster-Pärchen-Treff. Doch auch dieser Schritt fiel ihr schwerer, als sie es sich in ihrer Fantasie ausgemalt hatte. Buchstäblich in Hut und Mantel wollte sie sich anfangs am Tresen Mut antrinken. Erst als Udo sie mit sanftem Druck und einem doppelten Whiskey davon überzeugte, wie sinnvoll es sei, die Hüllen fallen zu lassen, überwand sie ihre Hemmungen. Und da sie sich nun schon so weit vorgewagt hatte, entschied sie sich gleich für die Flucht nach vorn, kam splitternackt aus der Umkleide zurück und genoss im nächsten Moment den Triumph, dass ihr bestimmt 20 Jahre jüngerer Nebenmann am Tresen beim Anblick ihrer damals noch behaarten Schönheit Wirkung zeigte. Bereits einen Whiskey später teilte sie sich mit ihm den Barhocker, das Eis war gebrochen, Karins Siegeszug durch alle zwölf Räume des Klubs hatte begonnen.

Seitdem ist sie neben Sabine die eifrigste Sammlerin männlicher Trophäen, sie verweigert sich aber auch nicht, wenn es Susanne und deren Gesinnungsgenossinnen nach ihr gelüstet. Oberstes Prinzip jedoch ist und bleibt das Motto, das sie von ihrer alten Schulfreundin Dagmar übernommen hat: »Man soll nichts ungenutzt stehen lassen.« Und weil sie ein geübtes Auge für die Entwicklungsmöglichkeiten des anderen Geschlechts hat, lässt sie sich in ihrem Tatendrang auch von einem Anblick nicht abhalten, den unerfahrenere Frauen als Ruhestellung abqualifizieren würden.

Dagmar war es auch, die mit ihren saftigen Geschichten aus dem Klubleben Karin zur bekennenden Swingerin gemacht hat. Die Schilderungen der Begegnungen mit den Herren aller Länder, aller Formate und aller Positionen sind Legion, aber Dagmars eigene Lieblingsanekdote ist die folgende:

»Ich war mit meinem Freund Franz, dem Zeitungsschreiber Uwe und Günther, der immer wochenlang auf Montage nach

Rumänien fährt und dann so schön ausgehungert zurückkommt, nach hinten in das große Video-Zimmer gegangen, weil man dort genug Platz hat, sich richtig auszutoben. Später stieß auch noch so eine Art Araber dazu, vielleicht aus Syrien, vielleicht aus dem Irak, das spielte in dem Moment für mich keine Rolle. Nachdem ich mit jedem zwei Runden gedreht habe, rauchen wir noch eine zusammen. Plötzlich hören wir auf dem Flur fremdländische Laute, mein Syrer oder Iraker steht auf und führt einen jungen Mann herein, offensichtlich ein Landsmann von ihm, niedlich war er ja mit seinem Handtuch um die Hüften.«

Vor seinen Augen lagerte die weit offene Dagmar und dünstete acht Runden Sex aus. Das war zu viel für den jungen Araber, er begann um einen zusätzlichen Durchgang zu betteln, eine Ehrenrunde sozusagen. Doch wenigstens dieses eine Mal wollte sie standhaft bleiben: »Schau sie dir an, die ganzen Jungs hier hat sie alle gehabt, und nicht nur einmal, deshalb gönn ihr eine Pause, nachher sehen wir weiter.« »Doch dann«, erzählt Dagmar, »fällt dem kleinen Ferkel instinktiv das einzige Argument ein, das bei mir ziehen könnte. Er reißt sich das Handtuch herunter und streckt mir seinen voll ausgefahrenen Lümmel entgegen. Ich schaue mir das Ding an, überlege noch drei, vier Sekunden, wie zum Anbeißen sieht es ja aus, dann sehe ich mich außerstande, nicht doch noch mal eine Ausnahme zu machen. Wie konnte ich etwas ungenutzt lassen, was da so einladend vor mir stand?«

»Und hat sich dieser Heißhunger inzwischen bei ihr gelegt, Karin? Ich könnte wetten, dass ich Dagmar seit mindestens zwei Jahren nicht mehr auf der Piste getroffen habe.« Helga ist froh, dass Karins Stimme inzwischen wieder versöhnlicher klingt und dient ihr auf diese Weise die Friedenspfeife an. »Früher ist sie noch ab und zu bei uns im Gestüt vorbeigekommen, um den Hengsten in voller Länge beim Geldverdienen zuzuschauen. Ist sie jetzt womöglich ab vom Weltlichen? Es sollte mir leidtun für sie.«

Karins fette Lache erfüllt den Roten Salon. »Keine Sorge, eher wird sie von Jahr zu Jahr hungriger. Sie lebt jetzt in den neuen Bundesländern, hat sich ein Schuhgeschäft im Brandenburgischen billig geschossen und rollt dort das Feld von hinten auf, keiner ist vor ihr sicher. Aber sie hat es natürlich leichter als wir. Bei denen herrscht ein solcher Bedarf an Frauen, wie sie eine ist, sie muss nur mit den Fingern schnippsen, dann stehen die Kerle Schlange und ihre Frauen auch. Wir haben uns neulich in einem Klub im Berliner Osten getroffen, natürlich kein Vergleich mit euch, Marion, alles viel primitiver, aber da herrschte ein Andrang wie auf der Arche Noah. Oder wie auf der Titanic, jeder vögelte, als ob es das letzte Mal wäre. Und Dagmar immer mitten drin, mit allem, was sie hatte, so habt ihr sie hier noch nie erlebt. Am Ende streckte sie alle Viere von sich und war eine leichte Beute für zwei gierige Sächsinnen, die ihr fast noch die wenigen roten Haare da unten ausgerissen hätten. Aber sogar das scheint sie genossen zu haben, je öller, je döller, das sage ich euch.«

Aber du doch auch, liegt es Helga auf der Zunge, doch den mühsam geschlossenen Burgfrieden will sie nicht gleich wieder aufs Spiel setzen. Deshalb übt sie sich in Diplomatie und schmiert Karin fingerdick die Sahne ums Maul: »Ist es bei Dagmar auch so wie bei dir, dass sie von Jahr zu Jahr attraktiver und sexyer wird?« Karin strahlt wie ein Honigkuchenpferd, fasst sich dann aber gleich wieder und mimt die Bescheidene.

»Da solltest du aber mal erst Bärbel mit ihren 65 Jahren sehen. Top-Figur, dunkle Haare, ganz schlank, großer fester Busen, ich glaube, so gut hat die noch nie ausgesehen. Und eine Ausstrahlung hat sie, da kommen viele Jüngere nicht mit, Anwesende natürlich immer ausgenommen. Udo, erzähl doch mal von ihrem letzten Solo-Abend, du organisierst diese Bärbeleien doch immer für sie.« Es war die Idee der geschäftstüchtigen Bärbel gewesen, ihren »Ferkeleien«, wie sie sie anfangs genannt hatte, ein ähnlich klingendes Markenzeichen anzuheften und es gesetzlich schützen zu lassen. Unter dem Dutzend Männern, die sie pro Bärbelei-Abend verschleißt, brauchte doch nur einer vom Fernsehen oder von der Boulevardpresse zu sein, der den Begriff hinterher vermarktete und den ganzen Gewinn in die eigene Tasche steckte. »Man kennt diese Typen ja«, rechtfertigte sie ihre etwas unkonventionelle Vorsichtsmaßnahme.

Unkonventionell ist auch die Methode, mit der sie es schafft, ihre Hemmungen zu überwinden. Trotz des von Marion und Karin bewunderten Aussehens fällt es ihr nämlich immer noch nicht leicht, sich »in meinem Alter« wildfremden Männern hüllenlos darzubieten. Also lässt sie sich schon vor der Tür von Udo eine Augenbinde umlegen, um die zwölf Männer, die nackt und gespannt am Tresen auf sie warten, nicht sehen zu können. Und wer nichts sieht, kann auch nicht gesehen werden, redet sie sich in ihrem kindlichen Aberglauben ein. So einfach kann das sein.

Was dann drei Stunden lang folgt, ist, wie Udo es formuliert, »eine einzige lustige Vögelei, ein Gangbang der Sonderklasse« von so hoher Intensität, dass es Bärbels sexuellen Appetit für das nächste Vierteljahr befriedigt – weshalb sie von der vorlauten Anne gern als »Quartalsfickerin« bezeichnet wird. Zwar schaut sie auch zwischendurch hin und wieder im Klub auf ein paar Whisky Cola vorbei, doch an dem bunten Treiben um sie herum beteiligt sie sich in solchen Fällen nicht, stattdessen begnügt sie sich mit Karins und Angelikas Erfolgsmeldungen und baut damit die innere Spannung auf, die sich Wochen später in der nächsten Bärbelei entladen wird. Doch am besten lassen wir Udo als Zeremonienmeister jener Abende zu Wort kommen:

»Man kann schon fast die Uhr nach ihr stellen: Nach ziemlich genau drei Monaten ruft Bärbels Mann Heiko an und sagt, dass sie mal wieder zum Bock muss. Wir trommeln dann für Dienstag oder Donnerstag, an einem unserer beiden Ruhetage, zehn bis zwölf der besten Stecher zusammen, keiner darf kleiner sein als der von Heiko und der hat vielleicht ein Geschütz, du meine Herren, nicht wahr, Sabine? Aber mehr als ein Dutzend auf einmal dürfen es nicht sein, das ginge über Bärbels Möglichkeiten, weil sie ja alle gleichzeitig beschäftigen will. Pünktlich um halb neun setzt Heiko sie vor der Tür ab, ich führe sie, weil sie ja nichts sehen kann, an der Hand zum Tresen, wo die versammelte Mannschaft schon darauf wartet, sie ausziehen zu dürfen. Sobald sie nackt ist, setzt sie sich breitbeinig auf die Bank und wetzt daran ihre rasierte Pflaume, das ist immer ihr Startschuss.« Angelika wird schon wieder unruhig, doch Udo lässt sich davon nicht ablenken.

»Dann wird sie von den Jungs hochgehoben und nach hinten getragen in den Video-Raum, wo es schalldicht ist, weil keine so laut schreit wie Bärbel, nein, nicht einmal du, Angelika. Und dann geht es drei Stunden lang nonstop zur Sache, von hinten, von vorn, von oben, von unten, manchmal glaube ich, sie hat Löcher, wo andere Frauen keine haben. Jedenfalls hat sie unten immer zwei auf einmal drin und das bei dieser Größe, man fasst es nicht. Und jeder von den Kerlen hat einen Dauerständer, die ganzen drei Stunden lang. Liegt wohl an der Ausstrahlung, von der Karin eben gesprochen hat. Marion, hol schnell den Othello, das ist ja nicht mit anzuschauen, wie Angelika sich quält.«

Marion tut wie ihr geheißen und schiebt Angelika das schwarze Monster an die gewünschte Stelle, einmal mehr wundern sich die anderen, wie dünn zehn Zentimeter Durchmesser sein können. Aber jetzt will auch die Chefin persönlich ihren Beitrag zum Thema »U 70« leisten. »Manchmal verstehe ich sie nicht, dass sie in ihrem Alter noch solche Hemmungen haben.« (Gerade in dem Alter, murmelt Helga, die sich ständig Sorgen um ihre Jahresringe macht.) »Dabei sollten sie doch wissen, dass für unsere männlichen Gäste jede Frau schön ist, auf jeden Fall ›da unten‹, wie Susanne immer sagt. Lottchen zum Beispiel ist doch mit ihren 70 Jahren noch eine tolle Frau, Kleidergröße 36 und ein sagenhafter Busen. Aber sie hat drei Anläufe und ebenso viele Gläser Sekt gebraucht, bis sie sich nach hinten gewagt hat. Und dann nicht etwa hier in den Roten Salon oder womöglich wie Pierrette in den gynäkologischen Stuhl, nein, ganz heimlich ist sie in den Dark Room geschlichen, wo sie keiner sehen konnte, und hat im Dunkeln abgewartet, ob sich nicht doch jemand zu ihr verirrt.«

»Mein Gott«, seufzt Susanne, »das arme Luder. Wenn ich das damals gewusst hätte.«

»Ich kann mir nicht vorstellen, dass du das warst, worauf Lottchen gewartet hat, ich glaube, die hat sich noch nie im Leben von einer Frau lecken lassen. Alte Schule eben, ihre Großmutter soll Hausdame am Hof von Kaiser Wilhelm gewesen sein. Aber Udo hat zum Glück wie immer das richtige Näschen gehabt und einen Mann nach dem anderen in den Dark Room geschickt. Nach einer Stunde kam sie strahlend wieder nach vorn, eine ganze Korona von Kerlen im Schlepptau. Als kleines verhuschtes Etwas war sie nach hinten gegangen, jetzt saß eine selbstwusste reife Frau am Tresen.«

»Sag ich doch seit Jahren«, kichert die Medizinerin Anne, »ihr seid kein ordinärer Swingerclub, sondern tut etwas fürs Gemeinwohl, deshalb gibt es euch auch schon so lange. Nicht Lachen, wie es im ›Reader's Digest‹ immer heißt, ist die beste Medizin, sondern Vögeln, mit einem ganz großen ›V‹ geschrieben.«

»Bei Gemeinwohl fällt mir unsere gute alte Polly ein. Schade, dass sie seit ihrem 80. Geburtstag, den sie noch hier im Salon gefeiert hat, nicht mehr gekommen ist. Die hat jedem gutgetan, jedem und jeder, das war das Gemeinwohl in Person. Und immer bester Laune, ein richtiger Sonnenschein, ob sie nun am Tresen einen geblasen hat oder hinten die Paare in Stimmung gebracht hat, auch die Frauen.«

»Du sagst es«, pflichte Susanne Marion bei und verliert sich in Erinnerungen.

Polly hatte, bis sie 60 wurde, als Bedienung im Sanssouci, einem Sauna-Klub in der Wohlwillstraße auf St. Pauli, gearbeitet, in dem die Angestellten des Hauses, als Halbprofis sozusagen, angehalten waren, sich an den Spielen der Gäste zu beteiligen. Trotz ihres gepflegten Erscheinungsbilds und ihrem ungewöhnlichen Appetit auf Sex – oder vielleicht gerade deshalb – war sie danach ausgemustert worden. Doch warum sollte eine lebenslustige 60-Jährige von einem Tag auf den anderen auf alles verzichten, was ihr bis dahin das Leben lebenswert gemacht hatte – vor allem auf die mindestens 20 Jahre jüngeren Männer, die sie auf St. Pauli nach Herzenslust hatte genießen können?

Zwar hatte sie sich aus dem Sanssouci einen harten Kern von fünf Stammgästen in den Ruhestand hinübergerettet, doch das war ihr auf Dauer zu wenig. Also ließ sie sich eines Tages von ihrem Favoriten unter den Jünglingen zum vor wenigen Wochen gegründeten Alster-Pärchen-Treff führen und war von dem Moment an, da sie sich zum ersten Mal auf einen Barhocker am Tresen setzte, ein voller Erfolg.

Marion erinnert sich: »Damals waren die Frauen noch wesentlich zurückhaltender als heute. Das mindeste, was sie am Leib trugen, waren ein Höschen, ein Handtuch oder ein Body. Aber Polly? Nichts als das Oberteil eines Bikinis hatte sie an und auch das nur, um zu unterstreichen, dass sie total ›unten ohne‹ war, bis auf die Haare, rasiert hat sie sich erst später. Selbst Udo, der ja doch schon einiges gewohnt war, starrte ihr zwischen die Beine. Sie grinst ihn spitzbübisch an und sagt: ›Es ist alles bereit.‹ Und um gar nicht erst Missverständnisse aufkommen zu lassen, was sie mit ›alles‹ meint, zieht sie ihrem rechten Nebenmann die Badehose herunter, fängt an zu lutschen und lobt das Ding, wenn sie den Mund gerade frei hat, in den höchsten Tönen: wie lang, wie dick, wie hart und wie schmackhaft. Dessen Frau daneben hat es zuerst die Sprache verschlagen, doch dann wechselt sie sich mit Polly ab, zwei links, zwei rechts, bis sie zu dritt nach hinten verschwinden. Na ja, ihr habt sie ja alle zur Genüge kennengelernt, vor allem du, Susanne, weil für sie Frauen gleich hinter jungen Männern rangierten. Ein Jammer, dass sie nicht mehr kommt.«

»Lasst uns auf sie anstoßen«, sagt Karin etwas wehmütig. »Cheerio, sie war die beste von allen – von euch Süßen natürlich abgesehen.«

»Auf jeden Fall besser als diese Hilke aus Flensburg. Die mit ihrem ewigen Samen-Tick, sollte mal ihren Cholesterinspiegel überprüfen lassen bei dem vielen Eiweiß, das sie bei jeder Gelegenheit schluckt.« Angelika scheint nicht gut auf Hilke zu sprechen zu sein und sie liefert die Begründung auch gleich mit.

»Wisst ihr noch, am letzten Mittwoch bei der Matinee? Ihr habt ja gesehen, wie ich mir mal wieder Schwanz-Paul einverleibt habe, dafür ist er ja gut, er quatscht auch nicht dabei, deshalb kann man sich voll auf ihn konzentrieren – wenn man nicht gerade von Hilke gestört wird. Gerade habe ich mich in die Reiterstellung gesetzt, gleite ganz langsam auf und ab, auf und ab, auf und ab – puuuuuuuuuh, das geht einem ja noch in der Erinnerung durch und durch –, da fühle ich plötzlich Hilkes Finger an meiner Erbse, wie Anne sie nennt. Nun, warum nicht, denke ich, Susanne kanns zwar besser, eine Bereicherung ist das aber trotzdem, wenn der Kerl unter dir wie ein Sack Mehl daliegt und ihn nur hinhält. Plötzlich fängt er an zu zucken, nanu, was ist denn in den gefahren, ich schaue an mir runter und sehe, dass Hilke ihn an der Wurzel zu fassen hat und ihn dort reibt und knetet und krault, der Finger an meiner Erbse war ein reines Ablenkungsmanöver. ›Gaaaanz langsam‹, sage ich zu Paul, weil ich noch lange nicht so weit bin, ›gaaaaaaaaanz langsam‹. Er zuckt immer heftiger, ich befürchte schon das Schlimmste, aber es kommt noch schlimmer, denn plötzlich schreit Hilke: ›Mach ihn bloß nicht fertig, seinen Saft will ich.‹ Und bevor ich mich noch tiefer in den Sattel pressen kann, stößt sie mich zur Seite, stopft sich den ganzen Schwanz-Paul in den Mund und sahnt schon mit dem nächsten Atemzug die volle Ladung ab. O.k., als Trostpreis hat sie mir dann ihre Zunge gegönnt, so dass ich schließlich auch noch ein ganz klein bisschen was von Paul abbekommen habe, aber sauer war ich trotzdem. Was bildet sich die Kuh denn ein, dass sie die ganze Portion für sich allein beansprucht? Möchte nicht wissen, wie viel Liter sie in 50 Jahren Blasen schon geschluckt hat.«

Marion versucht sie zu beruhigen: »Wahrscheinlich ist das für sie die einzige Chance, dass ihr einer abgeht, gönnen wir es ihr. Oder wie Lores Mann zu Udo sagte: Tja, wenns der Körper braucht... Aber das, was Angelika letzte Woche passiert ist, haben wir doch fast alle schon mit ihr erlebt, sogar Helga, weil Hilke es ja auch von perversen Schweinen nimmt, Hauptsache Sperma.«

»Ekelhaft.« Susanne grenzt sich demonstrativ von so etwas Ordinärem ab, während Helga gedankenverloren nickt: »Wie recht du hast. Aber das erinnert mich an die Geschichte mit dem Seemann aus Ahrensburg und den Freunden seiner Frau. Wartet nur ab, bis ich mit meinem Thema an die Reihe komme.«

Die anderen protestieren, sie wittern irgendetwas »schön Perverses« und wollen es sofort hören. Wieder einmal beruhigt Marion die Gemüter, indem sie als ihren letzten Beitrag zum Kapitel der reifen Frauen die Geschichte von Ingrid und ihrem Mann anbietet, die ihr in eine ähnliche Richtung zu gehen scheint.

»Also Ingrid, ihr kennt sie ja, könnte als die schlankere Schwester von Karin durchgehen, genauso alt und genauso hungrig. Nur dass Karin keinen Mann wie Ingrid hat, der dasselbe Hobby wie Hilke pflegt. Muss ich mehr sagen?«

Alle schütteln die Köpfe, zwar hat jede nur eine vage Vorstellung von dem, was folgt, aber spannend und witzig wird es sein, wenn es aus dem Mund von Marion kommt.

»Wie ihr wisst, ist Ingrids Mann herzkrank, deshalb hat ihn hier noch keine gesehen, die Aufregung würde er nicht überleben. Aber weil sie so ein Feger ist, schickt er sie im Sommer immer auf Abenteuer ins Grüne. Wenn es dunkel wird, sucht sie sich einen Parkplatz an den Autobahnen nach Lübeck oder Flensburg, macht dort die Autotür an der Fahrerseite auf, schlägt ihren dünnen Rock hoch und zeigt jedem Mann, dass sie da unten weder Höschen noch Haare hat. Schick, nicht?«

»Gibt es da auch Frauen, die sich das Pfläumchen anschauen dürfen?«, will Susanne wissen.

»Jede Menge, aber das ist nicht der Zweck von Ingrids Übung. Im Allgemeinen revanchieren sich die Männer nach dem Motto ›Zeigst du mir deins, zeig ich dir meins‹, dann lässt Ingrid den Liegesitz auf der Beifahrerseite herunter und lässt sich besteigen – und zwar ganz ohne Kondom.«

»Ohne Kondom? Ist die verrückt geworden? Die kommt doch auch hierher in den Klub. Und einen herzkranken Mann hat sie doch auch.« Vor dem geistigen Auge von Krankenschwester Anne galoppieren die vier apokalyptischen Reiter vorbei, instinktiv kneift sie die Schenkel zusammen.

»Nicht verrückt, sondern selbstlos. Wenn die Typen auf dem Parkplatz – bei schlechtem Wetter sind es nur zwei, bei gutem bis zu zehn – alles in ihr abgeladen haben, fährt sie ganz vorsichtig wieder nach Hause und lässt sich dort von ihrem Mann auslecken, der schickt sie nämlich deswegen auf die Parkplätze. So eine Art Hilke, nur umgekehrt.«

»Aber wenn sie auch hierher kommt, ist die Frau doch eine tickende Zeitbombe für uns alle.« Anne wird immer noch von ihrer Horrorvision geplagt.

»Keine Sorge, da passen wir schon auf. Erstens bringt sie sich nur Partner – meistens sind es drei – mit, die sie im Internet auf Herz und Nieren geprüft hat und die genau wissen, was von ihnen verlangt wird, also ohne Kondom. Und zweitens hat sie es uns hoch und heilig versprochen, andere Gäste nicht einmal anzufassen, geschweige denn sie bei sich einzuführen, und drittens geht Udo immer mit nach hinten und passt auf, dass sie und ihre Beschäler sich an ihr Versprechen halten. Sie haut ja auch immer sofort ab, wenn sie ihre eheliche Pflicht erfüllt hat, duscht sich nicht einmal, damit nur ja kein Tröpfchen verloren geht und schiebt sich zur Sicherheit ein Naturschwämmchen als Verschluss rein. Am Ende sind alle zufrieden: Sie wegen der drei Nummern, die Jungs, weil sie kräftig abspritzen durften, wir, weil wir gerne Gäste haben und der Ehemann, weil er sein Lieblingsgetränk von ihr als Mitternachtscocktail serviert bekommt. Es gibt schlechtere Ehen auf der Welt, denke ich.«

»Ganz wie mein Ahrensburger Seemann mit den Freunden seiner Frau.«

»Bewahr dir den für nachher auf, Helga. Erst soll uns Udo noch die Geschichte von einer Frau erzählen, die zwar nicht zu den älteren Semestern zählt, aber so korpulent ist, dass die wenigsten ihrer Gewichtsklasse sich hierher trauen würden. Gegen die ist Karin das reinste Fliegengewicht. Komm schon, mein Udo.«

Der lässt sich nicht lange bitten. »Ist zwar schon ein paar Jahre her, aber die werde ich nie vergessen, fantastisch war sie. Ein regelrechtes Monsterweib, aber kein solches Tier wie Lore, auch überhaupt nicht plump, obwohl sie am Bauch und an den Oberschenkeln doppelt so dick wie ich war und bestimmt 1,80 groß. Sie hieß Ulla und war Bäckersfrau, wahrscheinlich selbst ihre beste Kundin und freute sich ihres Lebens, obwohl an dem Abend keiner mit ihr tanzen wollte, nicht einmal ihr kleiner Bäcker. Marion tat sie leid, wie sie so allein in der Ecke saß, während alle anderen tanzten, deshalb schickte sie mich vor. Und plötzlich standen wir im Mittelpunkt des Interesses.«

Denn weil dieses »Monsterweib« mit den langen dunklen Haaren eine unwiderstehliche Erotik auf Udo ausstrahlte, zog er ihr beim Tanz kurzerhand das Negligee über den Kopf, damit sich auch die anderen an ihrem Anblick erfreuen konnten. Udo schwärmt noch heute: »Der Hintern, der Busen, die Schenkel und dann auch noch ihre üppige rasierte Pflaume, die stramm hervorstand – ich konnte nicht anders, als vor ihr auf die Knie zu gehen und diese dicke Vulva aufzusaugen, alle um uns herum klatschten und jubelten. Ich sage so etwas nicht oft, aber das war eine richtig geile Fotze. Und geschmeckt hat sie, es war ein einziger Hochgenuss. Davon blühte sie derart auf, dass sie hinterher alle anderen Männer auch noch vernascht hat. Als sie nach Hause ging, flüsterte sie mir ins Ohr: ›Das war der glücklichste Abend in meinem Leben.‹ Sie ist dann noch eine Weile gekommen, aber immer ohne ihren Mann, so ein Bäcker muss schließlich früh raus.«

So wie an jenem Abend die tanzenden Gäste brechen jetzt auch die sieben Damen in frenetischen Beifall aus, am lautesten Karin. Sie fühlt eine innige Seelenverwandtschaft mit der dicken Bäckerin und das steigert ihr Wohlbehagen in einem Maß, dass es sie drängt, noch einen draufzusetzen und das Erlebnis zum Besten zu geben, das ihr Untermieter Benno mit einer Lüneburger Hausfrau ihrer Altersklasse hatte. (»So was Komisches habt ihr bestimmt noch nie gehört.«) Weil Susanne allmählich unruhig wird, sie ist nämlich jetzt mit ihrem Lobgesang auf die intimsten weibliche Reize an der Reihe, wollen wir uns mit einer knappen Zusammenfassung von Karins ausufernder Darstellung begnügen.

Bennos Freund Kurt war eines Abends von Ilse aus Lüneburg angefordert worden: Ob er nicht gleich kommen könne, am besten mit einem ausdauernden Freund, es schien ein dringender Fall zu sein. Kurt hatte Ilse vor ein paar Wochen im Saunaschiffchen am Bleichenfleet kennengelernt, als sie dort ihren 60. Geburtstag feierte. Seither wusste er, was von ihm verlangt wurde, wenn Ilse anrief. Also warfen sich die beiden Freunde ins Auto, überquerten bei Geesthacht die Elbe und standen eine halbe Stunde später vor Ilses Tür, um Erste Hilfe zu leisten.

Da sich alle vier – mit von der Partie war Ilses Mann Mathias, ein Muster an ehelicher Toleranz – anständig zu benehmen wussten, pflegten sie erst einmal der Konversation. Doch als Ilse dann nach zehn Minuten die ersten schlüpfrigen Anspielungen einzustreuen begann und damit den Weg ins Schlafzimmer vorzeichnete, klingelte es an der Tür: ein Arbeitskollege des Eisenbahners Mathias, der ihm die spannendsten Neuigkeiten vom Verschiebebahnhof Maschen, ihrem gemeinsamen Arbeitsplatz, berichten wollte. Eine knappe halbe Stunde ließen die Gäste und die ebenso gelangweilte Ilse das Fachchinesisch über sich ergehen, dann sprang sie auf und verkündete resolut: »Ich gehe jetzt ins Schlafzimmer. Wer will mitkommen?« Alle wollten.

Nur Minuten später bot sich dort ein grotesker Anblick. Auf dem Bett knieten drei völlig nackte Menschen, eine Frau und zwei Männer, und verkeilten sich ineinander, vor dem Bett lagerten zwei hochgeschlossene Eisenbahner mit Halbliterflaschen Bier in der Hand und fachsimpelten über Verschiebebahnhöfe. Ab und zu warf der Kollege des Ehemanns einen Blick auf das Bett, wo sich die Gastgeberin auf allen Vieren von hinten und von vorn stoßen und penetrieren ließ, dann wandte er sich mit einem verächtlichen »Das ist ja vielleicht eine Sauerei« wieder seinem Bier und dem Verschieben von Güterzügen zu. Und während die Eisenbahner auf dem Fußboden beharrlich über die wichtigsten Dinge des Lebens debattierten, gingen die drei oben auf der Matratze keuchend ihrem Freizeitvergnügen nach. Erst als Ilse schreiend in Worte fasste, dass sich soeben einer ihrer Wunschträume erfüllt habe (»Endlich mal wieder zwei steife Schwänze, endlich mal wieder zwei«), ergriffen der Kollege und in seinem Kielwasser der Ehemann die Flucht in die Wohnküche. Wusste man denn, ob Ilse insgeheim nicht noch viel wildere Wunschträume hatte und beim Anblick der strammen Eisenbahner auf »endlich mal wieder vier steife Schwänze« aufstocken wollte?

Fünftes Kapitel

Susanne

Jede ist da unten schön

»Was die wohl für eine hatte? Die muss doch ganz ausgehungert ausgesehen haben, wenn sie ›endlich mal wieder zwei‹ so nötig hatte. Aber wie sieht ›ausgehungert‹ aus?« Selbst die ausgewiesene Expertin für intimste Weiblichkeit, Susanne von der Elbchaussee, gerät für einen Moment ins Grübeln. »So wie die von Angelika oder so wie deine? Hat dir Benno denn nichts davon erzählt, Karin?«

»Witzig, das habe ich ihn tatsächlich auch gefragt.«

»Und, was hat er gesagt? Doch hoffentlich nicht so etwas Dämliches wie der Schweizer neulich im Interconti, den ich nach den Pflümli in seinem Land – so sprechen die dort tatsächlich, ob ihr's glaubt oder nicht – gefragt habe.«

Wie immer, wenn es um internationale Spezialitäten geht, mischt sich die weitgereiste Helga ein: »Wahrscheinlich so was wie ›Das wird bei uns von Kanton zu Kanton unterschiedlich gehandhabt‹.« Die anderen prusten los, mein Gott, diese Schweizer.

»Das wäre ja noch halbwegs lustig gewesen. Nein, dieser Trottel hatte ein so dickes Brett vor dem Kopf, dass er sich erst mal als Fachmann mächtig aufplusterte und dann doch allen Ernstes behauptete: ›Als verheirateter Mann weiß ich schließlich, dass alle Frauen vom Kopf abwärts genau gleich aussehen.‹ Fast hätten meine Freundin Ilona und ich ihm das Gegenteil bewiesen, solche wie unsere hatte er bestimmt noch nie gesehen in seiner kleinen Schweiz, wo höchstens die Männer vom Bauchnabel abwärts alle gleich mickrig aussehen. Doch was soll man machen in einem so vornehmen Laden wie dem Interconti, da schlägt man nicht einfach so den Rock hoch, ohne Lokalverbot zu bekommen, außerdem heißen wir nicht Maria. Aber was hat denn nun Benno gesagt, wie sah sie da unten aus?«

Doch Karin muss die Forscherin enttäuschen. »Nichts hat er gesehen, weil er derjenige war, der am hinteren Ende von Ilse zugange war. Sie soll zwar rasiert und tropfnass gewesen sein, soviel wenigstens konnte er fühlen, aber weil er, nachdem es ihm gekommen war, sofort von Kurt abgelöst wurde und er jetzt nur noch einen Durst ganz anderer Art hatte, ist er in die Küche zu den Eisenbahnern gegangen, um ihnen eines von ihren Bieren abzuschwatzen. Zwar ist Ilse später, nackt und alles, nachgekommen, aber genierlich, wie es ihm jetzt vor dem Kollegen des Mannes war, hat er nicht gewagt, genauer nachzuschauen. Aber Maria? Was für eine Maria? War die schon einmal hier bei Marion und Udo?«

Unwirsch winkt Susanne ab. »Nein, so eine hat hier nichts zu suchen. Die versucht nur abzuzocken, ein kaltes, berechnendes Luder ist das, so eine wie diese Krankenschwester Beate, von der Anne vorhin erzählt hat. Wenn die ihre zeigt, dann tut sie das rein zu Werbezwecken.«

»Na, wenn sie damit Werbung machen kann, wird sie ja immerhin was Nettes zwischen den Beinen haben.« Karin wittert eine pikante Anekdote, mit der sie ihre Freundin Dagmar beim nächsten Berlin-Besuch in Stimmung bringen kann. Und weil Susanne die Letzte wäre, die sich zieren würde, über ihr Spezialgebiet zu fachsimpeln, wollen wir sie unseren Lesern hier Maria näher vorstellen lassen.

»Im Grund ist das alles Geschichte, weil sie schon längst keine Kneipe mehr hat. Die Brauereien haben ihr schon vor Jahren den Hahn abgedreht, ihren Kredit hat sie wohl für alle Zeiten verspielt. Weiß der Himmel, wie es dazu kommen konnte, wo der Laden in der Gerhardstraße doch so gut lief – allein schon wegen der ›Spezialität des Hauses‹.« Helga kichert verständnisvoll, sie hat die Anspielung auf Stanley Ellins Kriminalstory durchaus verstanden.

»Wegen dieser Spezialität haben ihr die deutschen Kolleginnen rund um den Hans-Albers-Platz denn auch den Spitznamen Spezialitätenfotze gegeben. Jedesmal, wenn die Gäste etwas geschlaucht von ihrem Kräfteverschleiß in der Herbertstraße am Tresen herumhingen und deshalb tote Hose im Laden war, hat sie die Stimmung mit ihrem Biologieunterricht wieder angeheizt. Nein, keine Pornohefte oder Filme, dafür war sie viel zu geizig, sondern am eigenen Leib. Sie zieht sich die Jeans herunter, legt sich rücklings über zwei Barhocker, klappt sich eigenhändig auf und fängt an zu erklären: ›Das sind die kleinen Schamlippen, das die großen, das ist der Kitzler‹ und so weiter. Als ob das nicht alle, die bei ihr verkehren, bis in jede Einzelheit hinein wüssten. Und schon steigt der Stimmungspegel am Tresen, im wahrsten Sinn des Wortes. Ich weiß noch, wie eine Frau neben mir ihrem Nachbarn zwischen die Beine fasste und dann durchs Lokal posaunte: ›Der ist ja noch länger als der von meinem Mann, bis über die Hosentasche reicht er hinaus‹.« Spontan bricht Sabine mit vollen Händen in Beifall aus.

»Aber eines musste man ihr lassen: Ihre ›Spezialität‹ wurde nie langweilig. Ich habe sie, glaube ich, ein dutzend Mal gesehen, aber immer sah sie anders aus, jedenfalls hatte ich den Eindruck, mal mit so vollen Lippen, als ob sie sie aufgepumpt hätte, mal verkrochen sie sich nach innen wie in ein Mauseloch, mal war der Knopf fast so dick wie deiner, Karin, obwohl er sonst eher wie der von Helga war. Und immer hatte sie einen anderen Haarschnitt da unten, von der Glatze bis zum Bubikopf, in Herzform oder als Landestreifen wie bei den Topmodels. Als ich ihr erzählte, dass ich gelernte Friseurin bin, musste ich ihr gleich eine Vollrasur verpassen, ich glaube, ich bin der einzige Gast, der sie je dort anfassen durfte.«

»Nur anfassen? Gib doch zu, dass du sie dabei auch mit dem Daumen massiert hast, wie Mona das bei mir macht.« Die vielseitige Angelika will es wie immer ganz genau wissen.

»Na ja, ich bin schließlich nicht aus Holz. Was soll man machen, wenn so ein Prachtstück aufgeschlagen vor dir liegt. Aber ich war nicht die Einzige im Laden, die bei diesem Anblick auf Touren kam.

Ein bisschen weiter am Tresen sitzt eines Abends eine Holländerin zwischen ihrem Mann und einem von den portugiesischen Stammgästen, gönnt sich einen tiefen Blick in Maria hinein und schon fängt sie an durchzudrehen. Schwupp, zieht sie den Reißverschluss vorn an ihrem Kleid bis zum Knie herunter, natürlich hat sie nichts drunter an, und sofort fängt sie sich mit der Handkante dort an zu reiben, wo es Helga immer tut, wenn sie ihren ›perversen Schweinen‹ zuschaut. Als ich das nächste Mal zu ihr hinüberschaue, hat sie dafür keine Hand mehr frei, weil sie ihren Nachbarn links und rechts eine Abreibung verpassen muss. Weil ich gerade mit Maria fertig war, habe ich mich vor die Holländerin hingehockt, die Knie wollte ich mir in so einem Laden natürlich nicht dreckig machen, und habe das mit der Zungenspitze vollendet, was ihre Handkante angefangen hatte, man ist ja kein Unmensch.«

»Mit Maria fertig? Hast du ihr etwa beim Rasieren einen runtergeholt?« Angelika ist in Gedanken immer noch bei Mona.

»Nicht die Bohne, um einmal im Bild zu bleiben. Diese Spezialitätenfotze, pardon, war nicht einmal richtig feucht dabei, geschweige denn nass, höchstens ganz tief drinnen ein klein bisschen, aber als sie das gemerkt hat, hat sie sofort meinen Mittelfinger wieder rausgezogen. Ich glaube, die war frigide, so eiskalt, wie sie die Kerle immer ausgenommen hat. Aber wenn ich mich nicht täusche, hat ihr das irgendwann das Genick gebrochen, rein geschäftlich, meine ich.«

»Das Genick gebrochen?« Die Krankenschwester in Anne beginnt aufzuhorchen.

»Buchstäblich, vermute ich jedenfalls. Vor bald zehn Jahren habe ich in der Zeitung über eine Frau gelesen, die die Reeperbahn auf und ab zog, sich am Tresen an die Kerle ranschmiss, ihnen dann, wenn sie sich von ihnen nach Hause hatte abschleppen lassen, K.o.-Tropfen in den Whisky gab und sie und ihre Wohnungen nach Strich und Faden ausplünderte. Ein Name stand zwar nicht in dem Artikel, aber die Beschreibung traf so genau auf sie zu, dass es schon ein ganz seltener Fall von Doppelgängerin hätte sein müssen, wenn sie es nicht gewesen wäre, die da zu ein paar Jahren Knast verurteilt wurde. Aber warum nicht auch mal eine Doppelgängerin, auf dem Kiez ist ja wohl alles möglich, wie wir seit heute von Anne wissen.«

»Wie wahr, wie wahr«, nickt die Krankenschwester und scheint in Gedanken auf einem Bett im vierten Stock herumzuturnen.

Dann hakt sie nach, denn dieses hier ist schließlich Susannes Kapitel: »Seit wann bist du eigentlich so verrückt nach diesen Dingern? Nennt man das pflaumengeil oder mösensüchtig, was du bist? Und bist du erst beim Damenfußball unter der Dusche auf den Geschmack gekommen oder warst du das schon immer?«

»Nein, mit Fußball hat das nichts zu tun, in unserem Verein ging alles ganz gesittet zu, beim Spiel und auch hinterher. Eine Freundin von mir, eine Journalistin, hat mal diesen Spinner

Lattek bei einem Seminar sagen hören, dass alle Fußballspielerinnen lesbisch seien, so ein Blödsinn, womöglich die Sportjournalistinnen noch dazu. Sicher gibt es darunter auch ein paar, wie überall, auch bei den Männern gibt's das ja reichlich. Erinnert ihr euch, was Karin uns von ihrem klebrigen Untermieter erzählt hat, der die Fußballer immer nach dem Spiel unter der Dusche interviewt hat, bis sie ihn rausgeschmissen haben, weil er ihnen nur zwischen die Beine gestarrt hat? Natürlich habe ich auch ganze Lesben-Orgien bei Auswärtsspielen erlebt, aber hallo, sage ich euch, zum Beispiel bei diesem Klub im Osten von Hamburg, wo sich die ganze Mannschaft auf dem Boden der Umkleidekabine gewälzt hat, aber nicht bei uns im schönen Poppenbüttel.«

»Ähemm, ähemm«, hüstelt Helga bedeutungsschwanger, doch Marion lässt nicht locker: »Wann und wo ging's denn nun los mit deiner Sucht? Denn süchtig danach bist du ja wohl, so, wie wir dich immer hier erleben und auch heute wieder erlebt haben.« Angelika lächelt Susanne schon wieder auffordernd an, der kurze Streit von eben scheint vergessen.

»Das kann ich euch ziemlich genau sagen, fast auf den Tag genau sogar. Bis dahin hatte ich bloß ein bisschen mit meiner Klassenkameradin Doris herumgespielt, sie war auch die Erste, bei der ich Haare dran gesehen habe, aber sie ist schließlich fast zwei Jahre älter als ich, damals war bei mir noch alles glatt wie ein Kinderpopo; ich war vielleicht neidisch. Wenn man sich vorstellt, wie viele Frauen sich heutzutage alles wieder abrasieren, nicht im Traum hätte ich damals an so etwas gedacht, als mir endlich auch welche dort wuchsen. Ich habe Doris dann etwas aus den Augen verloren, weil sie eine Friseurinnen-Lehre angefangen hatte, während ich noch zur Schule ging – meine Eltern wollten partout, dass ich Abitur mache.« Die und Abitur, scheint Helga zu denken, doch Susanne übersieht ihren hämischen Gesichtsausdruck.

»Wir hatten uns bestimmt ein Jahr lang nicht mehr gesehen, ich war im Januar gerade 17 geworden, da ruft sie mich aus heiterem Himmel an: Ob ich nicht bei ihr im Fernsehen den Mainzer Karneval anschauen wollte, zwei Kolleginnen von ihr würden auch kommen, die müsste ich unbedingt kennenlernen, klasse seien die. Ich also los mit dem Fahrrad nach Volksdorf, kam ein paar Minuten zu spät, drei lachende Mädchen fallen mir dort sofort um den Hals. ›Das hättest du eben hören müssen‹, keucht Doris, ›weißt du, was der Ansagerin vom ZDF eben rausgerutscht ist? Da sagt sie doch: ›Meine Damen und Herren, wir zeigten Ihnen soeben den französischen Spielfilm »Das Loch« und jetzt sehen Sie Mainz wie es singt und lacht‹, tatsächlich ›Meins‹ hat sie gesagt – wie der ihres wohl aussieht, wenn es lacht? Mit weit offenem Mund oder kichert es nur mit zusammengepressten Lippen wie unsere Gudrun hier?‹ Und alle vier brüllen wir los vor Lachen, erst später habe ich begriffen, dass das ein von den dreien einstudierter Witz war, um zu testen, wie ich auf so etwas Unanständiges wie ›Loch‹ reagiere.«

Alle im Roten Salon lachen, nur Karin seufzt ein bisschen wehmütig: »Ach ja, der gute alte Mainzer Karneval, so was gibt's heute nicht mehr. ›Allen wohl und niemand weh, Fassenacht beim MCC‹, die Gonsbach-Lerchen und dieser singende Dachdecker mit seinem ›Heile heile Gänsche, es wird bald wieder gut‹. Da merkt man doch, dass man älter wird.« Und die doch sonst so unsentimentale Sabine summt leise vor sich hin: »S' Kätzche hat e Schwänzche, es wird bald wieder gut, heile heile Mausespeck, in hunnert Jahr is wieder weg.« Selbst Helga schweigt pietätvoll.

Doch dann erzählt Susanne weiter, wie es mit ihrer Sucht begann. Doris hatte sie an jenem Mainzer Abend auf dem Sofa zwischen ihre beiden Kolleginnen plaziert, rechts von ihr saß Gudrun, links Doris II., die zur besseren Unterscheidung »Riese Willi« gerufen wurde, weil ihre Chefin im Frisiersalon, als sie

sie zum ersten Mal nackt gesehen hatte, spontan gesagt haben soll: »Du hast ja da unten eine Mähne wie der Riese Willi auf dem Kopf.« Und dieser Riese Willi wurde, kaum hatte Doris I. das Deckenlicht gelöscht und sich in den Sessel neben dem Sofa gelümmelt, sofort im Dunkeln aktiv. Erst fuhr sie Susanne, die unter dem Pullover keinen BH trug, mit dem Fingernagel über die nackte Wirbelsäule (»Ich wurde sofort nass«), dann stahl sich die Hand nach vorn und massierte ihr sachte die Brustwarzen. Zum Glück hatte Susanne eine Hose angezogen, deren Reißverschluss nicht im Schritt, sondern links an der Seite angebracht war und so war es dem Riesen Willi ein Leichtes, ihn im Schutz der Dunkelheit herunterzuziehen und den Mittelfinger unter den Bund des Höschens zu schieben.

Von da an, berichtet Susanne, war es vorbei mit dem Mainzer Karneval, was jetzt folgte, war eine Volksdorfer Walpurgisnacht. Stimuliert von dem Mittelfinger, der auf Anhieb den richtigen Punkt gefunden hatte, begann sie am ganzen Leib derart zu zittern, dass Gudrun rechts neben ihr glaubte, sie mit ein paar Streicheleinheiten beruhigen zu müssen. Dass sie dabei ausgerechnet dort weitermachte, wo die inzwischen unter Susannes Gürtellinie beschäftigte Kollegin mit ihrer Massage begonnen hatte, machte die Sache nicht besser.

Vollends zum Orkan steigerte sich der Aufruhr innerhalb der Novizin, als sich Doris mit nacktem Unterleib breitbeinig vor sie hinstellte und ihr den ebenfalls nicht unbeträchtlichen Haarbusch ins Gesicht drückte. Instinktiv begriff Susanne, was die erfahrenere Freundin von ihr erwartete und brachte – als Naturtalent, wie sie hinterher gelobt wurde – damit zum ersten Mal in ihrem Leben eine Frau mit der Zunge zum Höhepunkt. Und weil sie nun schon einmal dabei war, machte sie sich anschließend auch noch über die beiden anderen her, erst über die Mähne des Riesen Willi, dann auch über Gudrun, deren Lippen beim Lachen plötzlich gar nicht mehr zusammengepresst waren. Derweil zahlte ihr Doris die Wohltat von eben in gleicher Münze zurück. Man muss nicht die Fantasie einer Friseuse haben, um sich das Knäuel auf dem breiten Sofa vor dem Fernseher vorstellen zu können.

Gleichzeitig hatte sie damit, ohne es zu wissen, ihre Aufnahmeprüfung in den Kreis der Friseurlehrlingskandidaten bestanden. Doris, Gudrun und der Riese Willi hatten sie nämlich nicht nur des eigenen Vergnügens willen zum Mainzer Karneval eingeladen, sondern waren von ihrer Chefin beauftragt worden, bei Susanne ein bisschen vorzufühlen, ob sie für ihre Innung geeignet sei. Der nächste Test folgte schon eine Woche später im Keller des Frisiersalons. Allerdings begnügte sich die Chefin mit dem bloßen Augenschein, denn »vor deinem 18. Geburtstag muss ich meine Finger aus dir herauslassen, wenn ich nicht wegen Verführung Minderjähriger drankommen will«. Sie übertrug stattdessen den drei Freundinnen die Aufgabe, Susanne auszuziehen und sie – das fiel Doris zu – vor den Augen der Vorgesetzten zu deren voller Zufriedenheit aufzublättern.

Als die Kandidatin der Chefin auch noch laut und ausdrucksstark bewies, wie empfänglich sie an intimster Stelle für die Aufmerksamkeiten der zukünftigen Kolleginnen war, stand ihrer Karriere als Friseurin nichts mehr im Weg. Jetzt galt es nur noch, den Widerstand der Eltern zu brechen, doch das schaffte Susanne mit links, indem sie zum zweiten Mal hintereinander nicht versetzt wurde und sich damit dank ihrer Faulheit den Weg zum Abitur ein für allemal verbaute. Zehn Tage nach ihrem 18. Geburtstag, den die nun nicht mehr Minderjährige im Kreis ihrer Chefin und der Kolleginnen angemessen gefeiert hatte, trat sie ihre Lehrstelle an.

Drei Wochen später kehrte die rechte Hand der nur als »Madame« angeredeten Chefin aus dem Urlaub zurück und jetzt wurde die nächste Stufe in Susannes Ausbildung gezündet. Noch am gleichen Abend stieg sie mit Hildegard, einer herben Ruhrgebiets-Schönheit mit dünnen rotblonden Schamhaaren, zu Madames Sechs-Zimmer-Appartement hinauf. Nach einem temperamentvollen Prélude à trois, bei dem Susanne dank Hildegards Raffinesse bisher unerreichte Höhen erklommen hatte, brachte Madame die Sprache darauf, was von ihr nach Feierabend erwartet wurde. Es klang fremd, aber reizvoll.

Madames Betreuungsprogramm für die handverlesene Kundschaft nämlich ging weit über das herkömmliche Waschen-Schneiden-Föhnen hinaus. Jene Damen, die hinter den schalldichten Fenstern ihrer Reetdachvillen nackt auf die Mädchen warteten, begnügten sich keineswegs damit, sich ihre Intimfrisuren auffrischen, stylen und in allen Farben des Regenbogens tönen zu lassen. Spätestens nach einer Viertelstunde durfte niemand im Zimmer noch einen Fetzen auf dem Leib tragen, auch der Ehemann nicht, der jedes Mal im delikatesten Moment hinzustieß. Deshalb war auch der entscheidende Satz in Madames Einführungsrede die Gretchenfrage gewesen: »Susanne, wie hältst du's mit dem männlichen Geschlecht?«

Susanne hielt es damit leidlich genug, um ihre abendlichen Pflichten hier wie dort erfüllen zu können, auch wenn sich bis dahin ihre Erfahrung auf den jüngeren Bruder und dessen Freunde beschränkte, bei denen sie mitunter hatte Hand anlegen dürfen. Nur ein einziges Mal war ihr ein ausgewachsenes Exemplar vor die Augen getreten – an jenem Abend, als sie im Zimmer des Stiefvaters hatte übernachten müssen und dabei, ein Schnarchen vortäuschend, ungestört seinen Kolben betrachten konnte, der ihr damals nicht nur doppelt so lang, sondern mindestens doppelt so dick wie die bisher Gesehenen erschienen war. Noch heute, knapp vierzig Jahre später, gesteht sie ihren Freundinnen im Roten Salon: »Es hat mich damals nicht kalt gelassen, wie er mir sein Ding schier unter die Nase hielt. Jede Wette, dass der Kerl hinterher mein Keuchen gehört hat.«

»Na also, dacht ich mir's doch, dass sie noch nicht ab ist von allem Männlichen«, flüstert Angelika Karin ins Ohr. »Hast du nicht ihre roten Bäckchen gesehen, als Anne von dem Schwarzen-Wohnheim auf St. Pauli erzählt hat? Wie sagt doch Marion immer: Ein bisschen bi schadet nie.«

Zehn Jahre lang verbrachten Susanne, der Riese Willi und die anderen ihre freien Abende in den besten Häusern der Walddörfer, verfeinerten in dieser Zeit ihre Fähigkeit, auch männlichen Partygästen zum Gefallen zu sein, und verdreifachten durch die steuerfreien Trinkgelder ihr Friseurinnengehalt. Einer jener Männer, ein Fischhändler mit dem branchenfremden Spitznamen ›Pit, der Bulle‹, war so angetan von diesen Gefälligkeiten, dass er Susanne schon zwei Wochen später einen Heiratsantrag machte. Pits Vermögen in zweistelliger Millionenhöhe und seine schriftliche Versicherung, sie weiterhin nach Herzenslust auf Pflaumenbäumen herumturnen zu lassen, sofern er nur dabei zuschauen dürfe, erleichterten ihr eine Zusage, die sie bis heute nicht bereut hat.

Pits Antrag und der damit verbundene Absprung aus der Party-Szene kamen zu einem Zeitpunkt, wie er für Susanne nicht günstiger hätte sein können. Trotz des fehlenden Abiturs war sie klug genug zu wissen, dass irgendwann die Zeit der fetten Trinkgelder zu Ende gehen würde. Die 80.000 Mark, die sie für das Alter auf die hohe Kante gelegt hatte, waren mit einem Immobilienbetrüger und dessen Bauherrenmodell in die Karibik verschwunden. Und jetzt begannen in Poppenbüttel auch noch Gerüchte über Madames Gewerbe die Runde zu machen, Gerüchte, die schließlich dazu führten, dass eines Morgens ein Plakat im Schaufenster des Salons hing: »Aus familiären Gründen bis auf weiteres geschlossen.«

Zwanzig Jahre lang hat Susanne über die ihr wohlbekannten »familiären Gründe« Gras wachsen lassen, doch heute, inmitten der Freundinnen im Roten Salon und unter dem prickelnden Einfluss der Witwe Clicquot, löst sich ihre Zunge: »Damals tauchte so eine miese Ratte mit Namen Josch bei diesen Partys auf, ein kleiner Kommunalpolitiker mit gotteslästerlichen Sprüchen wie ›emanzipatorische Identifikations-Präferenz‹ (ich hab mirs damals extra aufgeschrieben) und gottsjämmerlicher Potenz. Immerzu hat er Hildegard angebaggert, er war ganz wild auf ihre paar roten Haare da unten. Ausgerechnet Hildegard, die, wenn sie sich überhaupt mal mit einem Kerl einließ, ordentlich was in der Hand und sonstwo brauchte. Irgendwann ist es ihr zuviel geworden, deshalb hat sie ihm gesagt, er soll sich verpissen mit seinem Sextanerpimmelchen. Das war wohl zu starker Tobak für jemand von altem ungarischen Adel, wie er immer behauptete. Madame wusste sofort, was die Stunde geschlagen hatte, denn kaum war Josch weg, befahl sie: ›Schluss mit der Vögelei, sofort alles anziehen, bevor die Polizei klingelt.‹ Eine Viertelstunde später klingelte es tatsächlich, das ganze Haus war umstellt. Doch was soll schon ungesetzlich sein an einem Dia-Abend über Gran Canaria, den sich Poppenbüttels High Society da vor den Augen der Beamten gerade gönnte?«

Bevor der kleine ungarische Graf noch mehr Unheil anrichten konnte, setzte Madame ihre Geheimwaffe ein – den »Ölprinzen«, als den die ganze Hamburger Presse und Politik den aalglatten Grundstücksmakler Zozimus kannte. Helga aber, deren Ehemann Bodo geschäftlich mit ihm liiert war, nannte ihn stets nur den »Mann mit vielen Namen«, je nach der Farbe der Partei, mit der er gerade Geschäfte machte: »rote Ratte«, »schwarzer Keiler«, »gelbe Seuche« oder – in Anspielung an seine Bisexualität – »grüne Minna«. Es kostete Zozimus nur ein paar Anrufe bei Parteivorsitzenden und Boulevardjournalisten, in denen er

Bemerkungen über die »unappetitlichen Neigungen« des Grafen fallen ließ und schon war es Josch, der die Stadt urplötzlich »aus familiären Gründen« verlassen musste. Doch auch für Madame und Hildegard war der Boden in Hamburg zu heiß geworden. Wenige Tage später packten sie die Koffer, um ihre Ersparnisse im Tiefseetaucher-Paradies Seychellen durchzubringen. Susanne kichert: »Warum ausgerechnet Seychellen? Hildegard hat es mir kurz vor der Abreise verraten. Beim Tauchen, behauptete sie, bekommst du die Pflaumen zu sehen, wie sie am üppigsten sind. Und bei 70.000 Touristinnen im Jahr kannst du ordentlich Vergleiche anstellen. Hildegard hat das ziemlich ordinär formuliert, den Ruhrpott kannst du eben nicht verleugnen.«

»Da scheint was dran zu sein mit dem Tauchen«, bestätigt jetzt Marion, »das sagt unser Freund Eddie auch immer, den kennt ihr doch auch, Busen-Eddie, der alle Frauen in die Brustwarzen kneift und trotzdem nie was auf die Finger bekommt, weil er so charmant und witzig ist. Udo und ich trafen Eddie letztes Jahr an einem FKK-Strand am Mittelmeer, wohin er zum Tauchen fährt. Irgendwann fragte ich ihn, warum er sich jedes Mal gleich auf den Bauch legen muss, wenn er aus dem Wasser kommt. Und da erfuhren wir es: dass er immer ein, zwei Meter tiefer taucht als die Frauen, dann schaut er hoch und sieht, wie sich durch die Schwimmbewegungen der Beine die Pflaume öffnet und schließt, wie eine fleischfressende Pflanze oder wie ein Fischmaul, das nach Futter schnappt, auf und zu, auf und zu, alles sieht man ganz genau, ob sie nun Haare dran haben oder nicht. Was sollte der arme Eddie denn hinterher am Strand anderes machen, als sich auf den Bauch legen? Aber da kommt mir eine Idee: Wenn du ihn nett bittest, macht er dir sicher beim nächsten Mal mit der Unterwasserkamera ein paar Aufnahmen für dein Fotoalbum. Eddie ist ein erstklassiger Fotograf, er versteht was von Tiefenschärfe.«

»Wenn er mir das besorgt, darf er mich auch ein bisschen kneifen, ich mag das ganz gern an der Stelle, wenn er es richtig macht. Und ein bisschen weiter unten auch von mir aus, aber dort ganz ganz vorsichtig, sag ihm das, Marion.«

»Keine Sorge, mein Schätzchen, Eddie tut keiner weh, wenn sie es nicht unbedingt verlangt von ihm. Und manchmal nicht einmal dann. Neulich war er hinten im Video-Raum mit irgend so einer Anne, nein, keine Krankenschwester, sondern eine Sekretärin, heißen ja viele so in der Szene, die hat er so wild gemacht, dass sie ihn anschreit, er soll sie sofort in den Kitzler beißen, aber feste. Nie im Leben hätte Eddie, diese gute Seele, das übers Herz gebracht, er hat nur, wie er mir erzählte, ein bisschen kräftiger daran gesaugt. Hat ihr natürlich nicht gereicht, dieser Messalina, deshalb ist sie ihm davongerannt, hinüber in den Sado-Maso-Raum, wo sie sich von dem ersten Besten hat auspeitschen lassen. Aber bevor ich's vergesse, Susanne, hast du nicht gesagt, du hättest deine Fotoalben mitgebracht?«

»Stimmt, sie liegen vorne am Tresen, wie immer so gut verschlossen wie die Bank von England, aber zum Glück führe ich die Schlüssel stets am Leib.« Und mit dem lasterhaftesten Grinsen, das sie im Friseursalon gelernt hat, spreizt sie ihre Beine und präsentiert dort zwei Ringe aus massivem Gold mit zierlichen Schlüsselchen daran. »Udo, sei doch so lieb und hol sie uns, du wirst es sicher nicht bereuen. Und bring noch eine Flasche mit, wir sitzen auf dem Trockenen.«

Zwei Minuten später beugen sich acht Köpfe über das erste der drei in dunkelrotes Saffianleder gebundenen Fotoalben. Seite für Seite, oder besser Doppelseite für Doppelseite, zeigt es im Din-A4-Format Farbaufnahmen jener »Da-unten-Schönheiten«, so wie sie sich dem Auge von Susannes Kamera dargeboten haben – links in unschuldigster Nacktheit, bevor Susanne zuschnappen konnte, rechts daneben der Anblick, den das weit geöffnete und erregte Juwel des Modells »hinterher« bot. Es ist keineswegs nur der Champagner, der den Roten Salon mit Schluckgeräuschen erfüllt und Marion, die mit den Fingerspitzen behutsam an Udo herumtastet, flüstert ihrem Mann ins Ohr: »Na, du Streuner, das scheint dir doch tatsächlich zu gefallen.«

Susanne aber schwimmt auf einer Welle von Wohlbehagen, hier ist sie in ihrem ureigensten Element. »Die meisten werdet ihr von hier kennen, aber womöglich nicht mehr wiedererkennen, weil man ja oft keine Ruhe hat, sie so ausführlich zu studieren, wir sind hier schließlich nicht im Louvre. Die zum Beispiel, Elke, die bekommt unsereins kaum einmal zu sehen, weil sie stundenlang besetzt ist, kaum zieht sich einer aus ihr zurück, springt der Nächste in die Bresche. Aber hier auf dem Foto erkennt man, dass das die perfekte Frau ist, jedenfalls da unten, alles ganz klein und niedlich, nirgendwo auch nur ein Fitzelchen zu groß, jedes Detail ideal aufeinander abgestimmt. Und wenn ihr mal genau die linke mit der rechten Seite vergleicht: Selbst in der höchsten Erregung schwillt alles nur ganz harmonisch und gleichmäßig an, die Lippen, das Knöpfchen, das ganze Hügelchen, einfach perfekt, sage ich euch.« Alle nicken, auch Udo.

»Und dann vergleicht sie mal mit dieser hier, Regine, die Königs-Eiche. Ich glaube nicht, dass eine von euch sie kennt, weil es Regine peinlich ist, sie kostenlos in der Öffentlichkeit vorzuführen, deshalb rasiert sie sie auch nicht. Da, schaut euch doch mal diese Lippen an, schon auf dem Foto links sehen sie aus wie die knorrigen Wurzeln einer uralten deutschen Eiche. Aber jetzt rechts – es haut mich jedesmal schier um, wenn ich dieses Monster sehe. Wenn Marion vorhin was von fleischfressenden Pflanzen erzählt hat, was ist dann bitteschön das hier?«

»Und wie bist du an dieses Prachtweib rangekommen«, fragt Angelika und kann den Mund nicht zubekommen vor Staunen. »Hatte die auch im Gesicht einen so knorrigen Mund oder war das deine Intuition, dass du so was Unglaubliches geahnt hast? Wir wissen ja, dass du einen ganz besonderen Draht nach da unten hast.«

»Danke für die Blumen, aber hier hätte meine Intuition, wie du sagst, versagt – umso mehr, als sie oben einen ganz durchschnittlichen Mund hat, der auf eine Allerweltspflaume schließen lässt, wie man sie von jedem Baum schüttelt. Nein, diesen Fang verdanke ich Polly, Regine war eine Kollegin von ihr aus dem Sanssouci. Ihr Chef hatte sie während seines Urlaubs im Bayrischen Wald entdeckt, in irgend so einer Hinterwäldlersauna, weiß der Himmel, wie sie dahin kam bei ihrer Schüchternheit. Pollys Chef schaut ihr, wie er es bei allen Frauen macht, als Erstes zwischen die Beine, sieht dieses Urgestein und weiß: Die brauche ich in meinem Klub in der Wohlwillstraße, die und keine andere. Nicht einmal, dass sie kaum ein Wort Hochdeutsch sprach, alles nur diese komische Altfränkisch, hat ihn abgeschreckt. Zum Sprechen geht man schließlich nicht ins Sanssouci. Es hat uns ein ganz hübsches Sümmchen gekostet, ihr professionelles Ding vor die Kamera zu bekommen. Aber als ich sie dann für das ›Nachher-Foto‹ heiß machen wollte, was glaubt ihr? Sie knurrt in ihrem Altfränkisch: ›Du allein reichst mir nicht, wenn ich schon scharf werden soll, brauche ich dich und Pit zusammen.‹ Und als Pit seinen mit reinschiebt in dieses Gestrüpp, fliegen uns schier die Fetzen um die Ohren, eine Rakete ist nichts dagegen. Schaut euch das Foto an, das reinste Trümmerfeld ist das zwischen ihren Beinen. Hier, vergleicht das mal mit der von Elke, unglaublich ist dieser Unterschied.«

»Jetzt weiß ich, an wen mich die von der erinnert.« Marions Gesichtsausdruck verrät, dass ihr gerade ein ganzer Christbaum aufgegangen ist. »Genauso eine hatte die Anführerin von den fünf Lesben, die uns vor ein paar Jahren terrorisiert haben, ganz genau so, nur dass sie total rasiert war, um mit ihren vielen Ringen anzugeben, groß und langgezogen genug war sie ja da unten für den ganzen Schmuck. Erinnert mich bloß nicht an diese Kühe, seitdem haben mehr als zwei Lesben auf einmal keinen Zutritt bei uns.« Sabine nickt bekräftigend, auch sie fühlt sich als Opfer jener Horrornacht.

Es war einer jener »Überschussabende« gewesen, die Marion und Udo monatlich für Frauen veranstalten, denen es vor allem auf die Menge ankommt. Nicht besonders lang oder dick müssen die Männer sein, sondern vor allem zahlreich, deshalb war auch Sabine mit von der Partie. Plötzlich standen fünf junge Frauen vor der Tür, alle so zwischen 18 und 25 Jahren. Sie sei bisexuell, behauptete die Bandenchefin, die man unschwer an der tiefen Stimme und dem kürzesten Haarschnitt erkennen konnte, deshalb habe sie sich ein paar Freundinnen zum Spielen mitgebracht, falls die Kerle irgendwann schlappmachten. Doch kaum waren sie drin und in ihrem »Kampfanzug« – keine raffinierten Dessous, sondern Boxershorts mit kochfesten weißen Unterhemden –, war es vorbei mit der Überschuss-Gemütlichkeit. Erst tranken sich die fünf Neuankömmlinge an der Bar Mut an, weder mit Bier noch mit Wein, sondern nur mit den härtesten Sachen vom Rum bis zum Tequila, und warfen jenen Männern, die zaghafte Annäherungsversuche wagten, die ordinärsten Schimpfwörter an den Kopf; dann verrammelten sie sich im Französischen Zimmer, dem einzigen verschließbaren Raum des Klubs, und tobten sich dort aneinander aus.

Waren sie bis dahin noch unter sich geblieben, so ging der Terror erst richtig los, als sie nach einer Stunde zum Nachtanken an die Bar zurückwankten. Einer nach dem anderen ergriffen die überschüssigen Männer und auch die meisten Frauen die Flucht, wer dennoch den Mut hatte zu bleiben wie Sabine oder Lydia, musste sich als »abgewichste Männerschlampe« oder »geile Lecksau« beschimpfen lassen. Nachschenken ließ sich die Fünferbande nur von Marion, Udo war den ganzen Abend Luft für sie. Das ging schließlich so weit, dass sie sich vor seinen Augen die Kampfanzüge vom Leib rissen und, vom steigenden Alkoholpegel beflügelt, ungeniert übereinander herfielen. Als sie gegen zwei Uhr morgens endlich in ein Taxi mehr krochen als stiegen, ließen sie eine Batterie leerer Schnapsflaschen hinter sich zurück, für die sie den ganzen Abend lang keinen Pfennig gezahlt hatten. Denn Damen ohne Herrenbegleitung haben im Alster-Pärchen-Treff freien Eintritt und damit freien Getränkeverzehr.

Entgeistert hat die mit einem ausgeprägt gesunden Menschenverstand ausgestattete Anne zugehört. »Na, das hätte ich erleben sollen, denen hätte ich eigenhändig den Othello unten reingehauen, einer nach der anderen. Aber warum habt ihr denn nicht die Polizei gerufen, als die auszuflippen anfingen? Das war doch grob geschäftsschädigend, was die mit euch getrieben haben.«

»Ach, du ahnungsloser Engel du.« Marion streichelt Anne liebevoll über das aschblonde Haupthaar. »Was meinst du, wie geschäftsschädigend es erst geworden wäre, wenn wir dieses Pack mit Polizeigewalt hinausgeworfen hätten. Nicht nur hätten diese Kühe die ganze Straße zusammengeschrien, sondern sie hätten auch unseren Ruf bei den Gästen für alle Zeiten ruiniert. Du weißt doch, dass diese Zeitungsreporter alle den Polizeifunk abhören und wie wild hinter geilen Fotos her sind. Oder möchtest du dein Foto in der Zeitung sehen, wie gerade ein schwarzer Koch mit seinem Quirl in dir herumrührt? Nein, das ist ein sensibles Geschäft hier, und sensibel und mit Fingerspitzengefühl wollen wir es auch weiter betreiben, weil sich die Gäste bei uns sicher und wohl fühlen sollen wie seit 21 Jahren.« Alle, sogar Udo, zollen ihr spontanen Beifall.

Nur Helga wirkt ein bisschen abwesend, sie bereitet sich innerlich wohl auf das nächste Kapitel vor, das ihr und den Neigungen ihres Mannes gewidmet sein soll. Doch bevor es soweit ist, hält

Susanne ihr drittes Album mit zwei ihrer Lieblingsfotos in die Höhe: »Hier, die beiden müsst ihr euch noch anschauen, die dürft ihr euch nicht entgehen lassen. Simsalabim, darf ich vorstellen: die Pflaume aller Pflaumen, wenn je eine Frau den Namen ›Pflaume‹ verdient hat, dann ist es unsere Gertraud. Schau sie dir genau an, Udo, da kommt nicht einmal deine Bäckersfrau Ulla mit, von der du vorhin geschwärmt hast. Alles ganz knackig und fest, da kannst du Harfe, Zither oder Mundorgel drauf spielen.«

Marion ergänzt lachend: »Wir hatten jahrelang einen Journalisten hier, der war so verrückt nach diesen Dingern wie du, Susanne, eher noch verrückter. Und jedes Mal, wenn er mit einer neuen Frau nach hinten gegangen war, kam er nach einer Viertelstunde kopfschüttelnd zurück und jammerte. ›Nicht schlecht, aber kein Vergleich mit Gertraud, wann finde ich nur endlich wieder so eine wie Gertraud.‹ Er hat sie nie wiedergefunden, weil sie irgendwo im Hessischen verloren gegangen ist und der Journalist sich letztes Jahr zu Tode gesoffen hat.« Ein Prost seinem Angedenken, denken sieben Frauen und ein Mann und heben ihre Gläser.

»Und jetzt noch ganz schnell der absolute Höhepunkt: Lore aus Norderstedt, weißt du noch, Udo?« Susanne lächelt maliziös und hält ein Foto in die Runde. Es zeigt einen von spärlichem Haar bewachsenen Schlund, den Udo im dritten Kapitel als »Krater« beschrieben hat und den die scharfzüngige Helga nun unvorteilhaft mit einer »Tropfsteinhöhle, in der sich selbst ein Obelix verlaufen würde« vergleicht. Und bevor Susanne eine Lanze für Lore brechen kann – schließlich ist für sie »jede Frau da unten schön« –, schneidet ihr Helga das Wort ab, um wieder einmal mit ihrer klassischen Bildung zu protzen.

»So eine Höhle muss auch Madame de Senneville gehabt haben aus dem französischen Roman ›L'Enfant du bordel‹*. Keine

* Pigault-Lebrun: »*L'Enfant du bordel*«, La Musardine, 1997

Sorge, die Geschichte ist ganz kurz, aber trotzdem heftig. Da lernt also unser junger Held in einer Postkutsche die 32-jährige Madame und ihre 15 Jahre jüngere Zofe Jeanette kennen. Madame findet Gefallen an dem stattlichen Jüngling, nimmt ihn mit nach Hause, verführt ihn, indem sie der Zofe den Rock hochschlägt und ihm ihr Kätzchen zeigt und fragt ihn dann ganz scheinheilig, warum er denn so einen mächtigen Steifen bekomme. Schon sind alle nackt, der Jüngling als vollendeter Gast wendet sich zuerst Madame zu, doch als er ihr zwischen die Beine fasst, bricht er fast zusammen: ›Das war kein Fötzchen, nicht einmal eine Fotze, das war ein Abgrund, der mich mit Stumpf und Stiel verschlungen hätte, wenn Madame nicht so vorsichtig mit mir umgegangen wäre‹, schreibt er auf Französisch. Stattdessen muss sich Jeanette einen mit Seide bezogenen Dildo umschnallen, 25 Zentimeter lang und geschlagene 15 im Durchmesser war das Ding, dann wird sie von Madame bestiegen, die nicht das leiseste Problem hat, sich die Keule einzuverleiben. Während der erregte Erzähler etwas ratlos daneben steht, deutet Madame auf ihre hintere Öffnung und sagt: ›Nehmen Sie sich, was noch frei ist.‹ Es war die einzige Möglichkeit, wie die kolossale Adlige zum Orgasmus kommen konnte. Und das tat sie dann auch, ohne dass sie ihm zwischendurch einen Abstecher in Jeanette hinein gönnte. Denn dieses Luder war nicht nur so weit wie das Rhonedelta, sondern auch so eifersüchtig, falls ein Delta eifersüchtig sein kann.«

In den Beifall der Freundinnen für die Geschichte aus dem vorrevolutionären Frankreich hinein spottet Sabine: »Na, ich könnte wetten, dass auch bei dir für deine ›perversen Schweine‹ immer beide Türen offen sind.« Und ohne eine Spur von Gekränktheit stürzt sich Helga – im fliegenden Wechsel mit ihren eigenen Geschichten sozusagen – kopfüber in das sechste Kapitel.

Sechstes Kapitel

Helga

Die Liebe zu »perversen Schweinen«

»So hat eben jede ihre Sucht: Madame die Eifersucht, Susanne die Pflaumensucht, Sabine die Kerlesucht, Angelika alle Süchte zusammen, wenn es sie nur ordentlich juckt dabei ...« Bevor Helga aus dem Rhonedelta hinaus aufs offene Mittelmeer ihrer eigenen Sucht dampfen kann, mault Angelika dazwischen: »Eifersüchtig jedenfalls bin ich nicht, nirgendwo, höchstens auf Karins Däumling. Oder ist es der standhafte Zinnsoldat, mit dem sie bestimmte Männer schier verrückt macht?« Karins Mundwinkel ziehen sich genüsslich nach oben, nur allzu gern erinnert sie sich an die Mittwochs-Matinee der vergangenen Woche, als sie mit ihrem märchenhaften Attribut die um einen halben Zentimeter kürzere Angelika buchstäblich ausstechen konnte.

Doch bevor sie dazu kommt, den salbungsvollen Ton von Bruder Jakobus, der ihr beziehungsweise ihrem am stärksten veränderlichen Merkmal den Vorzug vor Angelika gab, nachzuäffen, wird sie von Marion zur Ordnung gerufen: »Jetzt ist Helga mit ihrem Kapitel an der Reihe. Das soll nicht heißen, dass ihr anderen nicht auch etwas beisteuern dürft zum Thema ›Perverse Schweine‹. Aber erst mal Helga, am liebsten ganz von Anfang an, so wie bei Susanne.«

Helga räuspert sich, gießt einen Schluck nach, setzt sich in Positur und blickt hoheitsvoll in die Runde. Ganz offensichtlich genießt sie es, im Mittelpunkt der Aufmerksamkeit zu stehen. »Alles fing an meinem 13. Geburtstag an, also vier Jahre früher als bei Susanne, ich erinnere mich, als ob es gestern gewesen wäre.« (Diese Angeberin, zischt Karin Marion ins Ohr). »Meine Eltern hatten mir eine Jahreskarte für das Volksdorfer Sommerbad geschenkt, weil es für mich damals nichts Schöneres gab, als ein paar Runden zu schwimmen und mich danach in ein gutes Buch zu versenken, das mit den Pferden fing erst später an. Die Freundinnen um mich herum kicherten und gackerten sich mit den Jungs einen ab, für mich aber gab es nur Theodor Storm oder Fontane, sogar diesen Schweizer aus Seldwyla habe ich damals gelesen, so verrückt war ich.«

Anne und Susanne verziehen das Gesicht, die eine denkt bei »Schweizer« an Fleischfondue, die andere an die ewig gleichen Pflümli, doch Helga fährt ungerührt fort: »Plötzlich fängt es an zu grummeln, der Himmel bezieht sich schwarz, gleich wird ein Gewitter losbrechen. Ich packe meine Klamotten und Storms Gesammelte Werke und gehe in die Kabine, um mich umzuziehen. Noch ganz in Gedanken beim ›Pole Poppenspäler‹ höre ich anfangs nicht die Geräusche von nebenan, die sich so gar nicht nach einem einzelnen Menschen beim Umziehen anhören. So naiv war ich damals, dass ich erst jetzt die Löcher bemerkte, die doch jemand schon vor Jahren in die Trennwände gebohrt haben musste. Aber neugierig war ich nun doch, deswegen lege ich mein Auge schamhaft an das kleinste von diesen Löchern und was sehe ich?« Sie macht eine kurze Pause, um die Spannung zu erhöhen.

»Zwei splitternackte Jungs, na ja, fast splitternackt, die Badehosen hingen ihnen oberhalb der Kniekehlen, das sehe ich heute noch vor mir. Und alles, woran sie sich gegenseitig herumzerren und -reiben, steht so hoch und fest wie bei meinem Bruder unter der Schlafanzughose, wenn er morgens ins Badezimmer geht. Bis zu diesem Moment war ich unberührt gewesen, im wahrsten Sinn des Wortes unberührt, denn nicht einmal ich selbst hatte mich bisher dort unten angefasst, obwohl ich schon kräftig schwarze Haare dran hatte, aber jetzt durchzuckte es mich wie ein Blitz. Instinktiv griff ich mir ins volle Leben, zerrte an den Lippen wie die Jungs drüben an ihren Schwengeln und muss dabei genau die richtige Stelle getroffen haben, denn plötzlich wurde mir sekundenlang schwarz vor den Augen. Allmächtiger, ging in mir die Post ab, das war noch besser als Storm und Fontane zusammengenommen, bei aller Verehrung. Und als ich dann auch noch sah, wie die beiden da drüben abschossen, ging es schon wieder bei mir los. In diesem Moment begriff ich, was ich brauche und wie ich es brauche. Nicht von ungefähr sind meine Lippen da unten schließlich so lang, es überkommt mich dann einfach. Hier, ihr könnt sie euch ruhig genau anschauen, solche wie ich hat keine von euch.«

»Wie du es brauchst, wissen wir ja inzwischen. Aber wie oft brauchst du es?«, erkundigt sich Angelika mitfühlend.

»Na, nicht gerade zwölfmal täglich wie du oder Lydia, aber so zwei, drei Mal die Woche darf es schon gerne sein. Zum Glück habe ich einen verständnisvollen Ehemann, der mich immer zuschauen lässt, wenn er mal wieder einen Anhalter aufgegabelt hat. Und der mich auch mitspielen lässt, wenn der andere darauf steht. Aber darauf stehen tun sie fast alle, die er unterwegs aufgelesen hat, in deren Alter ist man noch nicht so wählerisch, Hauptsache, man wird seine Ladung los.«

Karin nickt versonnen: »Ach ja, wie mein Benno. Von so einem ist er auch mal beim Trampen ›aufgegabelt‹ worden. Zum Glück ist er stabil, nicht nur dort, und hat schnell wieder zum richtigen Ufer zurückgefunden.«

»Wieso richtiges Ufer«, protestieren Helga und Susanne wie aus einem Mund. Und Helga ergänzt: »Lass doch jedem Tierchen sein Pläsierchen. Ich versichere dir: Wenn mein Bodo und seine Spielgefährten loslegen, da geht es richtig zur Sache, ganz hundertprozentig richtig. Da ist kein Zentimeter was Falsches dran, da ist alles echt. Aber erzähl doch mal das von Benno, für mein Leben gern höre ich solche perversen Geschichten. Da, schaut her, es geht schon wieder los.« Und schon beginnt Helga wieder an sich herumzuzerren.

»Also gut. Mit 16 Jahren ist Benno das erste Mal getrampt, er wollte einen Freund in Ravensburg besuchen. Auf der Höhe von Würzburg nimmt ihn ein vielleicht 60-jähriger Mann mit, er roch so streng nach Lavendel, dass es kaum zum Aushalten war. Sofort beginnt ihn der Lavendelmann auszufragen: was sie in der Schule so treiben, ob sie nach dem Turnen gemeinsam duschen, ob Benno eine Freundin hat und all sowas. Benno, der schon damals ein ganz frecher Hund war, hat ordentlich auf die Kacke gehauen. Ja, eine Freundin hätte er schon, aber mehr als Küsschen geben und ein bisschen unter den Rock fassen sei nicht drin, vor mehr habe sie Angst. Wieso Angst, fragt der Lavendelmann. Na, weil sie behauptet, ich hätte so einen großen, viel zu groß für sie. Ob sie ihn denn überhaupt schon gesehen habe? Nein, nur von außen gefühlt, aber da sei sie fast ohnmächtig geworden vor Schreck, gibt das Großmaul Benno an.« Helga zerrt heftiger.

»Na, na, so doll wird's schon nicht sein«, sagt der Alte und fängt an zu schwitzen. »In deinem Alter hatte ich kaum 15 Zentimeter und auch das nur, weil ich ihn jeden Tag trainiert habe.« Und bevor Benno protestieren kann, fühlt er eine Hand im Schritt. Der Kerl hatte versprochen, ihn bis nach Ulm mitzunehmen, also ließ er ihn machen. Kaum hat er ihn der Länge und Breite nach abgetastet, macht er eine Vollbremsung auf dem Seitenstreifen, holt ihn raus aus Bennos Hose und schluckt dann die ganze Brühe, bevor er ihm noch richtig steht, das geht ja schnell in diesem Alter. Und dann hat die Sau ihn mit offener Hose zum Auto rausgeschmissen und ist mit einem Kavaliersstart davongebraust, nichts war es mit Ulm. Aber Benno hat ganz schnell gelernt: Von dem nächsten Lift hat er es sich nur mit der Hand besorgen lassen und die volle Ladung hat er ihm auch dann erst gegönnt, als sie an der Stadtgrenze von Ravensburg waren.«

»Doch wie ist es bei dir damals nach der Sache im Schwimmbad weitergegangen?«, will Marion von Helga wissen. »Dass du keinen bleibenden Schaden davongetragen hast, wissen wir ja nun, eher einen Gewinn fürs Leben. Aber was hast du danach mit deiner Sucht gemacht? Gleich am nächsten Tag wieder in eine Kabine mit Löchern und auf die nächste Show gewartet?«

»Du sagst es, meine Liebe. Aber so gut wie beim ersten Mal war es nie wieder. Entweder waren es Frauen, die sich ganz sittsam unter dem Badelaken umgezogen haben, weil sie die Löcher ja gesehen haben, oder es waren Männer, die nichts anderes wollten als baden und denen er ganz verschrumpelt herunterhing, ein trostloser Anblick. Der einzige Ständer, den ich in der ganzen Zeit sah, war ein Sextanerpimmel, nein, dieser Josch, von dem Susanne erzählte, kann es nicht gewesen sein, meiner war ein richtiger Sextaner oder höchstens ein Quartaner, der sich schnell einen abgerieben und dann ins Taschentuch gespritzt hat, er wollte wohl nicht mit abstehender Badehose aus der Kabine kommen.«

»Ach ja, diese tollen Löcher im Volksdorfer Bad.« Auch Susanne verknüpft eine Jugenderinnerung mit Helgas Jagdrevier. »Nun, im Gegensatz zu Helga wollte ich natürlich vor allem sehen, wie es bei der Konkurrenz da unten aussieht, rasiert war damals ja noch kaum jemand, mehr als ein Büschel Haare konnte man im Halbdunkel selten sehen. Nur zweimal habe ich es erlebt, dass sie sich die Lippen auseinanderzogen, sie wollten wohl einem Voyeur was bieten. Aber einmal war es, da ist mir doch fast das Herz stehen geblieben. Ein junger Mann kommt in die Nebenkabine, ich bin bereits auf dem Posten, um mir die Spielsachen anzuschauen, die er gleich auspackt, kann ja auch ganz nett aussehen, wenn er groß genug ist und er womöglich daran rumspielt. Im nächsten Moment erstarre ich: Statt einem Steifen oder auch von mir aus einem Hänger sehe ich durch das Loch ein Auge, ein Spanner hatte den anderen erwischt.«

»Mein Gott, wie peinlich.« Angelika schüttelt sich. »Ich glaube, ich hätte die Panik bekommen und wäre schreiend hinausgerannt.«

»Das war auch mein erster Gedanke, umso mehr, als ich zum Glück noch voll angezogen war. Aber dann erkannte ich aus der Distanz, dass der Kerl mit seinem Auge immer noch am Loch hing, hatte wohl die besseren Nerven als ich. Na gut, dachte ich, wenn er so scharf auf meine Pflaume ist, dann soll er sie auch sehen dürfen, das wird meine gute Tat des Tages sein. Damit er es auch schön genießen kann, lege ich ganz langsam einen Strip hin, bis ich völlig nackt bin. Und als Höhepunkt setze ich noch eins drauf, öffne mich unten, wie ich es von den beiden Frauen davor gelernt habe und presse mein Bärenauge gegen das Loch. Der Kerl hatte so viel Anstand im Leib, dass er drei, vier Mal geklatscht hat, ganz leise natürlich, aber immerhin. Damals habe ich auch zum ersten Mal gespürt, wie scharf ich werde, wenn ich sie den Leuten vorführen kann.«

»O.k., wie du später auf deine Kosten gekommen bist, wissen wir ja inzwischen. Doris, Madame, Hildegard und und und …« Marion spielt den Ball, der momentan in Susannes Vorgarten liegt, wieder an Helga zurück. »Wenn die Volksdorfer Löcher auf Dauer so unergiebig waren – wie bist du dann später an deine Droge gekommen?«

»Zum Glück gibt es Brüder auf der Welt und gleichgesinnte Klassenkameraden. Ich habe euch doch von der Latte erzählt, mit der mein Bruder jeden Morgen im Badezimmer verschwand. Bestimmt drei Wochen lang hatte ich nichts Anständiges mehr durch die Löcher gesehen, immer nur dieses Gebamsel, bei dem man gar nicht auf den Gedanken kommt, an sich herumzuzupfen. Dann, an einem Mittwoch, als unsere Eltern beide schon aus dem Haus waren, habe ich allen Mut zusammengenommen, immerhin ist mein Bruder fast drei Jahre älter als ich. Als er mich im Bad ablösen wollte, er natürlich wie immer mit Morgenlatte, habe ich ihm, zack, die Schlafanzughose heruntergerissen und mir die Bescherung angeschaut, nur angeschaut, ihn anzufassen traute ich mich denn doch nicht. Und was sich schon unter der Hose abgezeichnet hatte, ein Größerer als der von den beiden in der Kabine, stand nun leibhaftig in voller Länge vor meinen Augen. Ich war richtig stolz auf meinen Bruder, dass er so ein Kaliber hatte.«

»Wie groß denn? Nur so in etwa, damit wir ihn uns vorstellen können. Und hat er dich auch ein bisschen damit spielen lassen?« Sabine hat sich schon wieder auf ihr liebstes Steckenpferd geschwungen.

»Mindestens so groß, wie es Bennos Lavendelmann von sich behauptet hat, wenn nicht größer. Und was das Mitspielen betrifft: Er hat mich sogar dazu aufgefordert. ›Willst du nicht ein bisschen daran reiben‹, hat er gefragt, ganz ohne rot zu werden. ›Du bist die erste Frau, die ihn anfasst, wollen mal schauen, ob er das überhaupt mag.‹ Ich und Frau mit meinen 13 Jahren. Aber gerieben habe ich trotzdem und funktioniert hat es auch, denn keine drei Minuten später musste ich alles aus dem Waschbecken wischen, so wie Karin mit Bennos Morgenlatte. Ich habe ihm dann von den beiden in der Kabine erzählt und was ich dabei mit mir gemacht habe. Sofort stand er ihm wieder und alles ging von vorne los, allerdings musste ich diesmal an mir herumzupfen, so etwas hatte er noch nie gesehen. Seine Klassenkameraden übrigens auch nicht, vor denen er mit mir angegeben hat und die das natürlich auch sehen wollten, während sie sich gegenseitig einen abrieben, vier Mann in unserem kleinen Badezimmer und ich im Türrahmen. Spiegel und Fenster waren beschlagen, einfach alles, so einen Dampf haben wir gemacht.«

»Und wie waren die von den Klassenkameraden?« Sabine galoppiert unentwegt weiter.

»Einer hatte anderthalb Zentimeter mehr als mein Bruder, die anderen zwei waren kleiner. Ich weiß es schließlich genau, weil ich sie gegeneinanderhalten und reiben musste, immer zwei in einer Hand. Hat richtig Spaß gemacht, auch wenn ich dabei keine Hand mehr für mich frei hatte, aber das haben wir dann alles nachgeholt hinterher, richtig schön war das. Etwas eklig wurde es eigentlich nur, als sie eines Tages diesen Walther aus der Parallelklasse mitbrachten, zwei Mal sitzengeblieben war der schon und entsprechend hohl im Kopf, aber er soll den Größten in der ganzen Schule gehabt haben, einschließlich der Lehrer.«

»Und was soll daran eklig sein, wenn einer den Größten der Schule hat?« Ein so abfälliges Urteil fügt sich nicht ein in Sabines Wunschvorstellung vom männlichen Geschlecht.

»Wenn einer ein Schleimer und Abkocher ist und klebrig noch dazu, so wie Karins früherer Untermieter, dann ekle ich mich vor ihm, selbst wenn er ein Elefant mit Hosen ist. Die vier Jungs und ich mussten ihr ganzes Taschengeld zusammenkratzen, damit der Herr Walther geruhte, uns seinen Elefantenpimmel zu zeigen. Die anderen durften ihn wenigstens kurz anfassen und sogar ein bisschen damit spielen, aber ich als Mädchen hätte dafür den doppelten Tarif zahlen müssen und das konnte ich nicht, weil schon fürs Anschauen alles draufgegangen war. Ich sollte sogar noch dankbar sein, dass er ihn vor mir zum Stehen gebracht hatte, normalerweise zeige er ihn in diesem Zustand nur Männern. Und als ich etwas feilschen und ihm im Gegengeschäft meine zeigen wollte, konnte er nur lachen. Er kenne die von seiner Schwester und die von der Frau des Klassenlehrers, das reiche ihm für den Rest seines Lebens.«

»Und wie bitteschön kommt die Frau des Klassenlehrers dazu, einem schwulen Schüler ihres Mannes die Pflaume zu zeigen?«, wundert sich die resolute Anne. »Lehrt sie im Nebenfach etwa weibliche Anatomie für Anfänger?«

»Ach, das kann ich schon fast wieder verstehen, so eklig der Bengel auch ist. Sie hatte eben die gleiche Sucht wie ich: Männern dabei zuzuschauen, wie sie es miteinander treiben. Und bei dem Monster, das dieser Walther in der Hose hatte, wollte sie natürlich auch ausprobieren, ob das vorne bei ihr reinpasst, was ihr Mann hinten reingeschoben bekam. Es soll tatsächlich bei ihr gepasst haben, so gut, dass sie ihr Mann mit dem seinen knebeln musste, um nicht wegen ihres Gebrülls ins Gerede zu kommen. Aber ein zweites Mal, behauptete der Walther, bekomme man ihn nicht mehr in eine Frau hinein, das habe geschmeckt wie kaltes Hammelfleisch.«

Ohnehin, so vertieft sich Helga weiter in den ihr immer noch ekligen Jüngling, habe es Walther nur »für Geld mit Männern gemacht«. Das jedenfalls hatten ihr die Klassenkameraden des Bruders erzählt. Seitdem hegt sie eine tief verwurzelte Abneigung gegen Prostituierte, ganz besonders gegen Strichjungen, eine Abneigung, die sie mit ihrem Bodo teilt. Und seine Laufbahn als Strichjunge habe Walther schon als Tertianer begonnen. Helgas Bruder hatte ihn viele Jahre später zufällig in einer Transvestitenbar in der Schmuckstraße auf St. Pauli wiedererkannt, jedoch keineswegs an seinen durch Alkohol und andere Drogen aufgeschwemmten Gesichtszügen, sondern einzig und allein an dem hochgepushten Ungetüm, das selbst Walthers weiter Rock nicht verbergen konnte. Drei Bier und drei doppelte Malteser später kannte der Bruder die ganze sexuelle Karriere seines früheren

Mitschülers. Und jetzt kennt sie auch die Damenrunde in Marions und Udos Partykeller.

Walthers »Talente« waren frühzeitig in einem Gebüsch im Hamburger Generalsviertel entdeckt worden. Angeblich sah er sich eines Morgens gegen sieben auf dem Weg zur Schule genötigt, seinen Frühstückskaffee abzugießen und just in diesem Moment gesellte sich ein angetrunkener Herr zu ihm, der die Nacht im nahen Mississippi-Dampfer auf dem Isebekkanal durchzecht hatte. War es die Triebkraft des Kaffees, die zwölf Stunden Nachtruhe des Jünglings oder der getrübte Blick des Zechers – jedenfalls wirkte Walthers schon damals beeindruckende Ausstattung, wie sie ihm aus dem Hosenschlitz herausstand, auf den Erwachsenen wie das achte Weltwunder. Voller Ehrerbietung ging er vor ihm in die Knie und stopfte sich davon so viel er fassen konnte in den Mund. Walther, der zum ersten Mal in seinem Leben auf diese Weise befriedigt wurde, konnte sein Glück kaum fassen, als ihm der Zecher nach vollzogenem Oralverkehr auch noch ein Fünfmarkstück in die Hand drückte. Seitdem mochte er auf seinen täglichen Abstecher ins Gebüsch nicht mehr verzichten.

Die nächste Sprosse auf der Karriereleiter erklomm er, als sein Frühstückskunde ihn eines Tages einlud, ihn in seinen »Fechtklub«, wie er es nannte, zu begleiten. Rasch erkannte der unsportliche, leicht verfettete Knabe, dass dort viel lohnendere Dinge von ihm verlangt wurden, als mit Florett, Degen und Säbel herumzufuchteln. Seine einzige Aufgabe bestand darin, sich in höchster Erregung neben anderen Jünglingen unter die Dusche zu stellen und sich dort von den Alibi-Fechtern des Klubs, die meisten von ihnen reiche Holländer oder Dänen, das achte Weltwunder begutachten und abtasten zu lassen. Bei Gefallen – und er oder besser »es« gefiel immer – führte ihn sein Entdecker in eine abschließbare Kabine des Klubs, wo er einem oder auch gleichzeitig mehreren der solventen Fechter gegen Honorar zu Diensten stand.

Der peinlichste Moment seiner jungen Laufbahn kam inmitten eines Getümmels unter der Dusche, als er in jener Stimme, die seine Ausrüstung gerade in den höchsten Tönen lobte, die seines Klassenlehrers erkannte. Doch war der von dem, was er nie und nimmer in der Hose seines schlechtesten Schülers vermutet hätte, bereits so überwältigt, dass sich die Gentlemen schnell einig wurden. Zweimal wöchentlich hatte Walther nun zum Nachhilfeunterricht in der Wohnung des Lehrers zu erscheinen, um den Pädagogen vor den Augen von dessen Frau mit seiner Keule zu bearbeiten. Zur Belohnung erhielt er in den Fächern Deutsch, Englisch und Latein zum Schuljahresende ausreichende Noten, was zwar jedesmal für ungläubiges Kopfschütteln in der Klasse sorgte, ihm aber die Versetzung garantierte.

Gleichzeitig führte ihn der Klassenlehrer, der gleich in mehreren literarischen Zirkeln das Wort führte, in den feinsinnigen Kundenkreis der Hansestadt ein. Und weil auch die reichen in- und ausländischen Unternehmer unter ihresgleichen nur Großes und Gutes über ihn zu berichten wussten, wuchs die Zahl seiner Bewunderer allmählich derart an, dass er jenen Zecher aus dem Gebüsch am Isebekkanal als hauptamtlichen Manager verpflichten musste. Der verzichtete zwar auf eine Gewinnbeteiligung, verlangte aber ein so hohes Quantum an körperlichen Vergünstigungen, dass es, gepaart mit seinem prallvollen Terminkalender, Walthers körperliche Kräfte allmählich überforderte und er in seiner Not zur Flasche und zu potenzsteigernden Mitteln griff.

Der Abstieg war ebenso steil wie unvermeidlich. Eine schwerreiche Maklersgattin und, was erschwerend hinzukam, dilettierende Lyrikerin hatte ihrem besten Kunden, einem arabischen Ölmilliardär, zum Geburtstag eine ganze Nacht mit Walther und zwei seiner Gespielen versprochen. Unter dem Vorwand jedoch, die korrekte Durchführung der homosexuellen Transaktion überwachen zu müssen, beharrte sie darauf, Augenzeugin vor dem Diwan des Scheichs zu sein. Der hatte keinerlei Einwände, im Gegenteil kitzelte es sein Ego, einer der kultiviertesten Damen der Hamburger Society seine männliche Leistungsfähigkeit unter Beweis stellen zu können und sie womöglich zu einem erotischen Sonett zu inspirieren.

Der Abend begann vielversprechend. Zuerst hatte der in dieser Hinsicht durchaus verwöhnte Gast aus Nahost beim Anblick des von den Gespielen erregten Walther'schen Weltwunders nahezu die Fassung verloren und es sich unter Gebrüll einverleibt. Vor dem Diwan lagerte die empfindsame Maklers-Lyrikerin, ließ sich von den Haremsdamen des Scheichs mit Pfauenfedern ihre erogensten Zonen reizen und genoss dabei den Anblick des wild in den Araber hineinstoßenden Walther. Doch das von Alkoholexzessen geschwächte Geburtstagsgeschenk ergoss sich schon so früh in den Hengst darunter, dass der umgehend einen zweiten Ritt einforderte. Weder die Gespielen noch der Scheich selbst konnten das Wunder wieder aufrichten, so dass sich die Spenderin zu dem Gedanken verstieg, selbst Hand oder Pfauenfedern bei Walther anzulegen, um ihn dann, als der Erfolg ausblieb, als »Schlappschwanz« zu maßregeln.

Das hätte sie nicht machen sollen. Trunken von Drogen und vom Alkohol sprang der zutiefst Gekränkte auf, versetzte der Dame aus den besten Kreisen mit seinem Gemächt links und rechts ein paar schallende Ohrfeigen, stopfte es ihr dann in den vor Entsetzen weit aufgerissenen Mund und schrie: »Ersticken sollst du an deinem Schlappschwanz, du blöde alte stinkende....«, worauf eine so obszöne Beschimpfung ihrer weiblichsten Teile folgte, dass wir deren Wortlaut hier nicht abzudrucken wagen. Zwar wurde der Scheich derweil von Walthers leistungsstärkeren Gespielen beiderseits in Atem gehalten, doch besaß er immerhin noch so viel Geistesgegenwart, seine Leibwächter zu rufen, die den sich an der Dame versündigenden Frevler um ein Haar der gesamten Männlichkeit beraubt hätten. Die blieb ihm zwar auf einen huldvollen Wink des Fürsten hin erhalten, doch am nächsten Morgen wachte er, von grünen und blauen Flecken übersät, in der Gosse auf. Heute ist er so tief gesunken, dass er Helgas Bruder bei ihrem Wiedersehen in der Schmuckstraße für das Honorar von einem weiteren doppelten Malteser am Tresen oral befriedigte. Mit Kusshand hätte er jetzt wohl das damalige Angebot aus dem Spardöschen der 13-jährigen Helga angenommen.

»Nett klingt das, sehr nett, mein kleines Spardöschen, ganz allerliebst.« Helga kichert geschmeichelt und knetet und zieht schon wieder dort, wo sie sich von ihren sechs Freundinnen am sichtbarsten unterscheidet. »Zum Glück habe ich früh angefangen, an ihr herumzuzupfen, wie sonst wäre es mir gelungen, meinen Bodo zu kaschen. Jetzt sind wir doch schon 15 Jahre verheiratet, aber er fährt immer noch voll auf sie ab, wenn ich sie ihm vorführe. ›Spreiz doch mal die Beine und bück dich nach vorn‹, verlangt er dann immer. ›So sieht es fast aus, als ob dir ein Pimmelchen aus den Haaren heraushängt.‹ Seht her, das meine ich.« Und schon geht sie in Bodos Lieblingsposition und stellt sich und sie so großzügig zur Schau, dass Udo, der gerade mal wieder nach dem Rechten sieht, sie mit einer Standing Ovation belohnt.

»Toll sieht sie aus, richtig toll, genau die Länge, wie sie eine perfekte Hottentottenschürze haben muss. Nicht so wie Lilo aus Cuxhaven, bei der sie mindestens zehn Zentimeter heraushängen. Das geht bei der schon in Richtung Sado-Maso, es gibt kaum was Schöneres für sie und ihren Mann, als wenn er sie ans Kreuz binden kann und ihr dann die Gewichte von einer Standuhr an die Lippen hängt, jedes an die zwei Kilo schwer. Aber irgendwie passt auch das zusammen, weil alles bei ihr da unten so groß ist. Nein, nicht so ein offener Schlund wie bei Lore, ich meine den Knubbel, der fast fünf Zentimeter vorsteht, wenn die Gewichte sie nach unten ziehen und sie den Reiz dort kaum noch aushalten kann.«

»Macht sie es auch mit Frauen?« Susanne ist bei Udos Beschreibung das Wasser im Mund zusammengelaufen. »Und wenn ja, könnt ihr mich nicht anrufen, wenn sie mal wieder hier ist? So was muss man doch gesehen haben, wie sie da hängt und sich alles an ihr in die Länge zieht.«

»Die macht alles, mit allen und jedem. Angelika könnte nicht vielseitiger sein, du wirst deine helle Freude an ihr haben.« Marion notiert sich Susannes Wunsch in ihrem Terminkalender. »Für Helga und Bodo wären sie und ihr Mann übrigens auch ein Fall. Udo, erzähl doch mal, wie du die beiden kennengelernt hast.«

»Tja, unverhofft kommt oft, wie man so sagt. Es ist wohl über 30 Jahre her, damals kannte ich Marion noch nicht, deshalb weiß sie die Geschichte nur vom Hörensagen. Eines Abends gehe ich mal wieder auf die Piste und lande in einem Klub in der Nähe vom Großneumarkt. Es gibt ihn heute schon lange nicht mehr, zwischendurch war mal ein Fischrestaurant drin, stellt euch das vor: erst Swinger, dann Fisch, wirklich sehr geschmackvoll.« Susanne nickt, auch ihr Pit hat den Laden früher beliefert, kann also keine schlechte Adresse gewesen sein.

»Im Lauf des Abends komme ich mit einem ganz jungen Pärchen ins Gespräch, sehr nett und witzig alle beide; wir gehen zusammen in die Sauna, flachsen dort weiter und werden warm miteinander. Als sie merkt, dass ich auf ihren Bären schaue, ist sie so nett, ganz leicht die Beine zu öffnen, und schon zeichnen sich darunter die Lippen ab. Ihre Besitzerin stellt vor: ›Sie heißt Lilo, so wie ich.‹ Ab da war es klar, dass wir uns eine Kabine suchen. Aber es war wie verhext an dem Abend, überall in den offenen Türen lehnten einzelne Herren und spielten an sich herum. Als Lilo kichert und zu uns sagt, dass das alles ›ja nur etwas für euch‹ sei, hätte ich eigentlich ahnen müssen, was mir noch bevorstand.«

»Nun mach schon«, drängelt Helga, die etwas wittert, was so recht nach ihrem Geschmack ist. »Schließlich will ich auch noch die Geschichte von dem Seemann erzählen, die ich euch im vierten Kapitel versprochen habe.«

»Endlich finden wir doch noch einen freien Raum, der Ehemann und ich breiten unsere Handtücher aus und legen uns hin in Erwartung der Dinge, die gleich losgehen sollen. Und es geht auch sofort los, aber ganz anders, als ich erwartet hatte. Plötzlich stopft sich der Mann meinen Kleinen in den Mund und macht das so geschickt, dass der ganz groß rauskommt, ihm selber steht er auch, offenbar bringt es ihm Spaß, was er da mit mir macht. Und vor der Liege steht Lilo so breitbeinig wie möglich, reibt sich dazwischen wie eine Verrückte mit der Handkante und schreit: ›Oh seid ihr schön pervers, Mann, was seid ihr schön versaut, oh, ihr versauten Schweine‹ und immer weiter solche Sprüche. Bis es mir zu dumm wird, ich bin schließlich wegen anderer Sachen mitgekommen.«

»Dacht' ich mir's doch«, seufzt Helga enttäuscht. »Männer wollen eben immer nur das eine.«

»Wart's doch ab, du kommst gleich noch auf deine Kosten. Also greife ich mir seinen Lümmel, winke ihr damit zu und frage, ob sie nicht mitspielen will. Und sie kommt auch ganz bereitwillig an und legt sich zwischen uns auf den Rücken. Erst heize ich sie dort, wo ihre Handkante gearbeitet hat, mit der Zunge weiter an, dann, als sie wieder zu schreien anfängt, lasse ich den Mann seinen von hinten seitlich bei ihr reinschieben, lecke sie aber dabei weiter wie vorher. Und als sie vollends am Durchdrehen ist, stecke ich auch meinen dort mit hinein, wo ihr Mann schon kräftig stößt und schon läuft das Fass über, nein, es lief nicht, es schwappte über. Und ob ihr's glaubt oder nicht, als ich sie zwanzig Jahre später hier im Klub wiedertraf, hatte sie noch immer die gleichen Sprüche wie damals drauf. Nur dass sie unten kaum wiederzuerkennen war, nach dieser jahrelangen Tortur mit den Uhrgewichten.«

»Aber Torturen sind ja offensichtlich nach ihrem Geschmack«, lästert Helga. »In so jungen Jahren gleichzeitig zwei vorne drin und einer davon wie der von Udo, meine Herrn, das muss sie doch schier zerrissen haben. Für mich jedenfalls wäre das nichts, bei mir muss alles in geregelten Bahnen verlaufen. Wenn schon zwei gleichzeitig, dann nur mit einem, der nicht dicker als Bodo ist, Gott sei Dank hat er am Schöpfungstag vergessen, ›hier‹ zu schreien, als die Walthers, die Dicks und Marions Marokkaner vergeben wurden. Ich bin schließlich keine Madame de Senneville, vorne nicht und hinten erst recht nicht. Dort käme mir höchstens einer von Annes Japanern oder der Trostpreis vom Mr. Pimmel rein. Der Seemann, von dem ich jetzt endlich erzählen will, war da schon ein anderer Kunde, der hätte sich selbst von dem ekligen Walther stoßen lassen.«

Dieser Seemann ist Helga nur als zeitweilige Pflanze in Erinnerung geblieben, nicht einmal seinen Namen weiß sie mehr genau, Emil, Ewald oder Erwin, irgendetwas mit »E« am Anfang. Bodo hatte ihn ursprünglich auf einer seiner Überlandfahrten am Straßenrand aufgesammelt, nachdem er in Bremerhaven wegen Gleichgewichtsstörungen abgemustert hatte. Bei seinem ersten Hausbesuch musste Helga erkennen, dass Emil oder wie er hieß zu jenen Bisexuellen gehörte, die sich nur dann in eine Frau vertiefen können, wenn ihnen gleichzeitig ein kräftig gebauter Mann von hinten Paroli bietet. Und weil Bodo nicht seine Vorstellung von »kräftig gebaut« erfüllte, verlor man sich schon nach dem ersten Abend aus den Augen.

Jahre später trafen sie ihn zufällig bei Marion und Udo wieder. Der Seemann mit Familiensinn war bei einer jungen Frau namens Edeltraut vor Anker gegangen, hatte mit ihr innerhalb von fünf Jahren drei Söhne gezeugt, jedesmal unter tätiger Mithilfe eines der wechselnden Hausfreunde, die sie in den Swingerclubs in und um Hamburg herum rekrutierten. Der Ablauf war immer der gleiche. Edeltraut durfte sich unter den im Klub herumstehenden Männlichkeiten das gewünschte Format aussuchen und weil sie mit Emil die Neigung zum »stark Gebauten« teilte, traf das Ehepaar fast immer eine einstimmige Wahl. Danach hatte der Erwählte den ersten Test zu bestehen. Emil war Mustergatte genug, seiner Frau das lästige orale Vorspiel abzunehmen, um dann den inzwischen erregten Stecher eigenhändig bei Edeltraut einzuführen und gleichzeitig von hinten seinen Rhythmus zu steuern, bis sie alle drei die Früchte ihrer Anstrengung ernten konnten.

Jetzt folgte für Emil der schönste Teil des Abends. Erst reinigte er den neuen Freund gründlich mit den Lippen, dann wiederholte er die Prozedur bei seiner Frau und ging dabei so virtuos vor, dass schon nach kurzer Erholungspause das Spiel, diesmal mit vertauschten Rollen, wiederholt werden konnte. Und so schlug der gestrandete Seemann in der zweiten Runde gleich drei Fliegen mit einer Klappe: Erstens hatte er seine eheliche Pflicht erfüllt, zweitens war er selbst kräftig aufgespießt worden und drittens gab es zum Abschluss und Höhepunkt einen Nachschlag seines sahnigen Lieblingsdesserts. Und weil Emil sich aus seinem früheren Beruf einen weiten Horizont an Land gerettet hatte, breitete er vor Helga und Bodo nun in schönster Freizügigkeit und ohne jede Scheu alle Details seines Ehelebens aus.

»Bravo, so mag ich das, wenn einer zu seinen Neigungen steht.« Karin hat Helgas Geschichte sichtlich genossen. »Benno hat mir neulich auch ganz ausführlich erzählt, wie er in München in eine Schwulensauna gelockt wurde und sich dort hat vernaschen lassen. Wenn es nicht zu spät wird, verrate ich euch noch, wie es da so zugeht, nicht nur Helga hätte ihre Freude daran, wenn sie mal Mäuschen dort spielen könnte, auch ich würde die Jungs gern mal in freier Wildbahn erleben. Die einzigen Schwulen, die mir auf die Nerven gehen, sind die verkappten, die Wunder was wie männlich-herb tun und dabei nachts von fremden Schwänzen träumen. So wie dieser ewig nervöse Sportlehrer, mit dem ich neulich hinten war.«

»Stimmt, ich habe gesehen, wie du mit ihm und zwei anderen Kerlen verschwunden bist. Ich wollte dich schon fragen, wie das ausgegangen ist.«

»Ach, Marion, wenn du nur dabei gewesen wärst, dir wäre einer abgegangen vor Lachen. Ich schnappe mir also meinen Lieblingsfotografen Nobby, der mit der langen Zunge, und hinter uns her steigen dieser Sportlehrer und ein strammer Jüngling, von dem er sich wohl einiges verspricht. Nun, ich bin schnell mit Nobby zugange, er oben, ich unten, und wundere mich, dass keiner von den beiden anderen an mir herumzugrabbeln versucht, wie es die Kerle doch sonst immer tun. Also schlage ich die Augen auf und was sehe ich? Der stramme Jüngling – er war wirklich ziemlich stramm, das konnte man zwischendurch sehen – lehnt an der Wand und vor ihm kniet der Sportlehrer und lutscht ihm genüsslich einen ab, aber ganz genüsslich, sage ich dir.« Helga kichert, schluckt und zupft.

»Ich kann es mir nicht verkneifen, ›Na, schmeckt's‹ zu sagen, da faucht mich der Bläser wütend an: ›Dass das mal klar ist, meine liebe Karin, ich bin überhaupt nicht schwul, kein bisschen nicht. Das hier mache ich alles nur für dich, damit du dir, wenn dein Kerl da schlappmacht, sofort den Nächsten reinschieben kannst, ich weiß doch, wie nötig es dein Loch hat.‹ Da hatte sich der Herr Lehrer aber eine feine Ausrede für seine Schwulität ausgedacht. Ich hab ihn so laut ausgelacht, dass er den Schwanz eingezogen hat und wieder nach vorn gerannt ist. Den Jüngling aber habe ich mir bei der Stange gehalten, wäre doch schade um die ganze Vorarbeit gewesen, die der total unschwule Pädagoge so selbstlos auf sich genommen hat.«

Siebtes Kapitel

Udo

Manche mögen's schmerzhaft

Doch der Fall des nervösen Lehrers, der von allen Damen gebührend belacht wird, bildet in Marions und Udos Klub eine krasse Ausnahme von der Regel. Nirgendwo sonst in Hamburg vermischen sich die Geschlechter so problemlos, sind die Grenzen zwischen Männlein und Weiblein so fließend, verstoßen die Mitspieler ebenso bewusst wie lustvoll gegen nahezu alle Tabus der kleinbürgerlichen Moral. Lediglich ein harter Kern von knapp 20 Prozent der Gäste nimmt eine Sonderstellung ein: die Anhänger des Sado-Masochismus, die sich immer am letzten Freitag des Monats am Mühlendamm treffen, um sich als Sklaven und Dominas, Fetischisten und Flagellanten aneinander auszutoben. Lack, Leder und Leinen, Ketten, Kreuze und Käfige beherrschen dann die Szene.

86 Quadratmeter, verteilt auf drei Räume, ist das S/M-Reich groß, das der Tüftler Udo schon vor 21 Jahren in Heimarbeit errichtet und bis heute ständig verändert und verfeinert hat. Angefangen mit einem simplen Kreuz in der Sektbar, wo festgekettete Sklaven fremden Händen und Mündern preisgegeben werden, bis zu Prangern, Streckbetten oder den sonst nur an Bahnübergängen üblichen Andreaskreuzen in den größeren Kammern –

Udos Fantasie und handwerkliches Geschick lassen keine Routine in der Folterszene aufkommen. Die Grenzen dessen, was der Mensch dem Menschen hier zufügen darf, sind weit gezogen, nur an einem Punkt kennt Udo kein Pardon: »Wer Schweinkram macht, fliegt raus.«

»Aber worüber reden wir hier denn den ganzen Abend«, wundert sich Anne. »Ich bin ja von meinem Beruf her einiges gewohnt. Nur: Ein paar der Geschichten, die ihr eben erzählt habt, würde zumindest ich nicht gerade als sexuelle Alltäglichkeiten einstufen.«

»Und du mit deinen Krankenschwester-Orgien auf St. Pauli, sind das für dich etwa Alltäglichkeiten?« Helga kann sich mal wieder einen Seitenhieb nicht verkneifen.

»Mit Schweinkram meine ich nicht so was Tolles wie Annes und Karins und Sabines Erlebnisse. Oder die von Helga, Angelika oder gar die von Susanne.« Udo scheint die Vorliebe der gelernten Friseurin für das weibliche Geschlecht zu teilen. »Nein, damit meine ich Sauereien von der widerwärtigen Sorte, wie ihr sie jetzt hören sollt, macht euch auf was gefasst.«

Und dann erzählt er, wie er einem früheren S/M-Stammgast, dem spanischen Baulöwen Manolo, Lokalverbot für alle Zeiten erteilte. Jahrelang hatte der sich an jedem letzten Freitag mit seinem Privatjet aus Madrid einfliegen lassen – zusammen mit seinen beiden original spanischen Dominas der Härteklasse eins. Die führten ihren nur mit einem langen schwarzen Mantel bekleideten Sklaven die wenigen Schritte vom Taxi in den Klub hinein, wobei ihm die schweren eisernen, mit einer kurzen Kette verbundenen Fußfesseln nur Trippelschrittchen erlaubten.

Udo geht ins Detail: »Kaum waren sie bei uns drin, rissen sie ihm den Mantel herunter und machten ihn mit den Händen steif, aber so grob, dass ihm die mindestens 15 Ringe, die sie ihm durch Schwanz und Eier gezogen hatten, höllisch wehgetan haben müssen. Dann trieben sie ihn mit Faustschlägen und Fußtritten nach hinten und peitschten ihn zwei, drei Stunden lang gnadenlos aus, vor allem die empfindlichsten Teile am Mann. Das war ich schon gewohnt bei ihnen, doch diesmal erwischte ich sie dabei, wie sie ihm, der halb ohnmächtig am Andreaskreuz hing, etwas einflößen wollten. Zuerst dachte ich an irgendeine Art Doping, das ihn schnell wieder hochbringen sollte, doch dann sah ich, dass es Glyzerin war. In ein paar Minuten, vielleicht sogar Sekunden, hätte ihn ein mächtiger Durchfall zerrissen. Bevor es dazu kam, habe ich ihn hinausgeschmissen und die Dominas der Extraklasse mit dazu. Jetzt wisst ihr, was ich mit Schweinkram meine.«

Alle verziehen angewidert das Gesicht, dann macht Marion immerhin eine kleine Einschränkung: »Na gut, wenn einer auf Natursekt steht und sich anspritzen lassen möchte, soll er sich damit unter die Dusche verziehen. Aber mehr kommt bei uns nicht in Frage, so schön kann doch kein Mann sein, als dass ich ihm das durchgehen ließe.«

»Wo du anspritzen sagst: Kannst du dich noch an Barbara aus Bremen erinnern?« Udo hat schon die nächste S/M-Geschichte parat. »Während sich ihr Mann hinten von Dominas auspeitschen ließ, saß sie vorn am Tresen und trank nur Wasser, weil sie das Auto fahren musste. Irgendwann ging sie nach hinten, um ihrem persönlichen Haussklaven beim Männchenmachen zuzuschauen. Der hockt gerade mit gefesselten Händen in dem kleineren Käfig und wird von allen Frauen, die sich vor ihn hinstellen, dazu erniedrigt, sie durch die Gitterstäbe zu lecken. Das macht Barbara schlagartig so heiß, dass sie sich mit gespreizten Beinen rücklings über einen Hocker wirft und ich sie mit einer Gerte zwischen die Beine schlagen muss, ja, Angelika, genau dorthin. Offensichtlich reicht ihr das aber nicht, denn sie schreit ›Hau doch fester, fester‹, und als ich das tatsächlich mache, schwupps, spritzt sie mich im hohen Bogen an und explodiert dabei, trotz – oder vielleicht gerade wegen – der Schmerzen, in einem Orgasmus ... Nie wieder habe ich so etwas erlebt.«

»Was die Leute aber auch alles mit sich machen lassen«, wundert sich Susanne, »und dass sie sogar förmlich darum betteln. Eine Nachbarin von uns, Nicole aus Martinique, hat mir neulich auch so eine Geschichte erzählt. Nicole, müsst ihr wissen, ist früher in Duisburg, Kiel und Kairo auf den Strich gegangen, bevor sie sich in Ägypten einen Hamburger Reeder gekrallt hat und jetzt nur noch Lust auf Frauen hat. Ist alles ziemlich stark ausgeprägt bei ihr wegen dem jahrzehntelangen beruflichen Engagement, schaut sie euch an.« Susanne schlägt das dritte ihrer Fotoalben auf, blättert und reicht dann ein Beweisstück herum, das trotz der dunklen Farbtöne ihre Aussage aufs Schönste untermauert. Dann kommt sie wieder zur Sache.

»Damals in Duisburg lernt sie in einem Nachtclub ein besseres Ehepaar kennen, er Industriekapitän an Rhein und Ruhr, aber sie hat die Hosen an. Schließlich landen sie zu dritt in einem Separee, sie zahlt Nicole 500 Mark, was damals ein Haufen Geld war, und die denkt zuerst, sie soll es dem Kerl besorgen, während die Gemahlin zuschaut, aber nein, es war eher umgekehrt.«

»Der arme Mann«, seufzt Angelika mitfühlend, scheint aber in Gedanken noch bei der Gerte zwischen Barbaras Schenkeln zu sein. »Arm ist kein Ausdruck. Erst einmal hat sich Nicole gewundert, dass er sein Gebiss aus dem Mund nahm, eine reine Vorsichtsmaßnahme, wie sie gleich feststellen sollte. Madame aber legt sich auf das kleine Sofa, schlägt ihren schwarzen Rock bis zum Busen hoch und befiehlt Nicole, sie auf der Stelle zu lecken, aber zackzack. Während Nicole sich zwischen ihren Oberschenkeln niederlässt, muss sich dieses Männchen von einem Mann zu den Füßen der Gattin hinknien. Und je länger Nicole leckt, desto mehr keilt die Frau mit den Füßen aus, tritt ihn mit voller Kraft ins Gesicht, dass es ihm das Gebiss zertrümmert hätte, zerkratzt ihm mit den Fußnägeln Stirn und Wangen und schreit: ›Du widerlicher kleiner Wichser, du alte Drecksau, beleidigst zwei Damen mit dem Anblick von so einem jämmerlichen Schwanz.‹« Susanne räuspert sich, Sabine schluckt.

»Nicole dreht sich einen Moment um, sieht, wie recht Madame hat, schon wird ihr Kopf wieder nach unten gedrückt und weiter geht es mit dem Gestrample und dem Geschrei vom widerlichen kleinen Wichser und seinem jämmerlichen Schwanz. Erst nach dem dritten Orgasmus gibt die Furie Ruhe, das malträtierte Männchen bricht derweil in lautes Schluchzen aus. Doch als Nicole ihm mit der Hand einen kleinen Trostpreis überreichen will, kreischt er: ›Finger weg von meinem Geschlechtsteil, Sie Babylonische, ich bin ein treuer Ehemann vom Scheitel bis zur Sohle, nie wird mich eine andere Frau dort anfassen dürfen.‹ Worauf er bei dem Versuch, seinen Kopf im Schoß der Angebeteten zu vergraben, mit einem solchen Faustschlag belohnt wird, dass ihm das Blut aus der Nase schießt. Nicole war es noch Stunden später zum Erbrechen übel, sagt sie. Später erfuhr sie von der Nachtclubchefin, dass dies Madames Geschenk zum 50. Geburtstag des treuen Ehemanns war.«

»Puhhhhh, dann doch lieber so ein Geschenk wie das zu Ediths Dreißigstem«, stöhnt Marion. »Die ließ sich bäuchlings in die Streckbank spannen, dann wurden ihr 30 brennende Kerzen mit spitzen Nadeln in den Po gespießt, dass sie wie eine Geburtstagstorte aussah. Und während ihr das heiße Wachs auf den Hintern tropfte, lief ihr das Wasser aus der Muschi, so ging die Post ab bei ihr. Dass ihr Mann sie die ganze Zeit fotografierte, hat sie wohl noch mehr angeheizt. Hinterher, als wir ihr die Nadeln wieder herauszogen, war sie dort knallrot wie ein Hummer im kochenden Wasser und Edith war eine dankbare und glückliche Frau. Seitdem will sie das zu jedem Geburtstag geschenkt bekommen.«

Plötzlich ballt der sonst so umgängliche Udo in der Erinnerung beide Fäuste, ein wütender Blick tritt in seine Augen. »Wo du gerade was von einem ›besseren Ehepaar‹ erzählst, Susanne, da fällt mir eine Geschichte ein, die ich vor bestimmt 30 Jahren auf St. Pauli erlebt habe, in einer Kneipe am Hamburger Berg, es kann aber auch in der Talstraße gewesen sein. Dagegen sind unsere S/M-Gäste der reinste Sonnenschein, nicht einmal Manolo käme gegen einen solchen Schweinkram an. Abschaum sind solche Leute, der reinste Abschaum, sage ich euch, jede Woche bete ich, dass sich so was nicht zu uns verirrt.«

Damals hatte Udo hin und wieder sein Bier in einer vor kurzem eröffneten Oben-ohne-Bar getrunken, weil er sich mit der Wirtin, einer handfesten Finnin mit einer Vorliebe für Fernfahrer, gut verstand.

Eines Abends setzt sich dieses bessere Ehepaar neben ihn an den Tresen, alles dreht sich nach den beiden Paradiesvögeln um, weil sie aussehen, als ob sie geradewegs aus der teuersten Boutique am Jungfernstieg spaziert kommen. »Allein der Seidenschal um den Hals der Frau muss mehr gekostet haben, als die Wirtin im ganzen Monat verdiente«, erinnert sich Udo grimmig.

Trotzdem kam er mit ihnen ins Gespräch, weil das Paar ihm zu schmeicheln begann, sich ihm buchstäblich an den Hals warf. Er sehe wie ein waschechter Insider aus, ob er nicht ein paar heiße Tipps habe, wo man hier so richtig was erleben könne, sie suchten nach »Erotik pur«. Udo warnte sie, dass sie in ihrem noblen Outfit eher in die Staatsoper als auf den Kiez passten, die Menschen hier ließen sich von so etwas leicht provozieren und dann könne es Ärger geben. Keine Sorge, beruhigten sie ihn, wir waren schon in den wildesten Gegenden von Rio, Manhattan und Bombay, wir sind ja ganz einfache Leute wie die dort und sprechen ihre Sprache, deshalb kommen wir mit allen gut aus. Dann nippten sie noch einmal an ihren Gin Tonics und verschwanden in Richtung »einer anderen Kaschemme«, wie sie der Finnin fröhlich zuriefen.

Am nächsten Morgen gegen acht wurde Udo von der Wirtin aus dem Schlaf geklingelt. Sie brauche seine Hilfe, genauer: seine Zeugenaussage bei der Polizei. Kurz nachdem er das Lokal verlasse habe, sei das bessere Paar nämlich mit einem Beamten zurückgekommen und habe sie beschuldigt, vom Hals der Dame ein Diamantcollier im Wert von 25.000 Mark gestohlen zu haben. Udo hätte doch die ganze Zeit neben ihnen gesessen und könne doch sicher bezeugen, dass der Wirtin eine solche Tat allein schon vom Technischen her unmöglich gewesen wäre. Natürlich war Udo zur Aussage bereit, denn Erstens hätte sie sich wegen des zwei Meter tiefen Tresens beide Arme ausrenken müssen, um der Dame an den Hals zu greifen, zum anderen war deren Seidentuch so kunstvoll verknotet gewesen, dass es schon der gesamten Panzerknacker-Bande bedurft hätte, um ohne Gewalt an das möglicherweise dort hängende Geschmeide heranzukommen.

Hätte es sich nur um einen dreisten Fall von Versicherungsbetrug gehandelt, wäre Udo gelassen geblieben. Doch dass diese »Großkotze«, wie er noch heute sagt, ihre schmierigen Geschäfte auch noch auf Kosten der kleinen Leute betreiben wollten, jagte ihn auf die Palme. Wenn die Beamten das Märchen des Betrügerpärchens geglaubt hätten, wäre die Wirtin ihre erst vor wenigen Wochen erworbene Schanklizenz und damit ihre gesamten Ersparnisse losgeworden. Also griff Udo zum Hörer, telefonierte sich durch mehrere Instanzen hoch zur zuständigen Polizeidirektion und dort entspann sich folgender Dialog:

»Haben Sie das Aktenzeichen der Anzeige?«, wollte die verbeamtete Dame am anderen Ende der Leitung wissen.

»Nein, weil ich von der Beschuldigten gerade erst telefonisch um meine Zeugenaussage gebeten wurde. Die Anzeige habe ich nie gesehen.«

»Wenn Sie das Aktenzeichen nicht haben, kann ich Ihnen auch nicht helfen.«

»Aber nicht Sie sollen mir helfen. Ich bin es, der Ihnen helfen will, einen Fall aufzuklären.«

»Ohne Aktenzeichen kommen Sie bei uns nicht weiter. Was glauben Sie, wie viele Anzeigen wir hier tagtäglich zu bearbeiten haben? Auf Wiederhören.«

Zum Glück für die finnische Wirtin verlief der »Fall« im Sande, weil Hamburgs Polizei genügend Augenmaß für einen so plumpen Betrugsversuch besaß. Udos galliger Kommentar in der Rückschau: »Da mussten die beiden wohl oder übel doch wieder nach Rio oder Bombay jetten, um sich dort ihre Diamantcolliers klauen zu lassen. Vielleicht schafft man es ja dort ohne Aktenzeichen für die Verwaltung.« Die Damen lachen, Udo wirkt versöhnt.

Jetzt meldet sich Sabine zu Wort: »Wenn wir schon bei alten Geschichten sind – eure Edith mit ihren Geburtstagskerzen hat mich daran erinnert, wie ich vor Jahren meinen Freund Peter in der Pfalz besuchte, ja genau, Angelika, der ›Jäger aus Kurpfalz‹, du hast ihm seine Flinte ja auch schon geölt. Weil man selbst bei dem größten Nachholbedarf doch irgendwann aus dem Hotel muss – das Personal will schließlich die Kissen aufschütteln –, hat er mich in einen Klub in Mannheim geführt. Dort war auch eine Art Edith auf der Streckbank zugange, nur dass sie auf dem Rücken lag und keinen Muskel bewegen konnte. Eine geschlagene Stunde lang hat sie ihr Kerl über und über mit Hunderten von Stecknadeln gespickt, von den Ohrläppchen bis zu den Oberschenkeln, nur den Busen und die rasierte Pflaume hat er ausgespart. Dann ist er ganz vorsichtig auf sie gestiegen, so wie ein christlicher Missionar in Afrika die Frauen der Heiden bekehrt, und hat sie mindestens eine weitere Stunde lang nach allen Regeln der Kunst gestoßen. Du konntest dein eigenes Wort nicht verstehen, so laut hat die gespickte Frau die ganze Zeit geschrien.«

»Mein Gott, was ist dagegen doch unser guter alter Busfahrer für ein bescheidenes Kerlchen.« Marion kommt auf einen ihrer pflegeleichtesten S/M-Stammgäste zu sprechen. »Sagt nie einen Mucks, lässt klaglos alles mit sich machen, was die Frauen mit ihm anstellen. Er ist der vollendete Sklave, so gut dressiert ist er.«

»Die Nullnummer«, wie sie ihn wegen des Wiedererkennungswerts seines unverwechselbaren Vornamens nennt, hat tatsächlich in all den Jahren, die er hier verkehrt, »noch nie eine Nummer gemacht«, wundert sich die Chefin. »Er ist schon dankbar, wenn man ihm eine Kette um den Hals und eine zweite um die Wurzel und die Eier legt und ihn dann auf allen Vieren an der Leine durch den Klub führt. Frauen mit High Heels küsst er devot die Stiefelspitzen, anderen dient er vor dem kalten Buffet als Beistelltisch, lässt sich auch gern die Peitsche geben, wenn dabei etwas herunterfällt. Das höchste der Gefühle ist für ihn, wenn er aus seinem Wassernapf den Natursekt der Domina schlabbern darf und sie ihm als Anerkennung zum Abschied mit dem Handrücken schnell einen abledert. Das war dann ein perfekter Abend für die Nullnummer, danach muss er ganz schnell nach Hause zu Mama, wo er trotz seiner bald 50 Jahre immer noch wohnt. Ein ganz lieber Kerl.«

Ein anderes Kaliber ist da der Transvestit, der sich trotz seiner fast zwei Meter Körpergröße am liebsten »Dornröschen« rufen lässt. »Wegen des Dorns, den er – trotz seines unheimlich femininen Busens – unter dem Kleid stehen hat«, erklärt Udo den Spitznamen. »Aber denkt bloß nicht, er würde mit diesem Dödel was anstellen. Glaub es mir, Helga, dein Bodo kann ja mal freitags den Test machen, ich fürchte nur, er wäre ihm zu klein. Dornröschen fuhr nämlich voll auf unsere Bumsmaschine ab, aber nur, wenn man den größten Dildo draufgeschraubt hatte.«

Diese »Bumsmaschine«, bei anderweitiger Nutzung auch »Nymphomaninnenhocker« genannt, war Udos ganzer Stolz. In wochenlanger Heimarbeit hatte er eine Sitzgelegenheit mit verstellbarer Höhe zusammengebastelt, an der auf so sinnvolle Weise Dildos aller Art befestigt werden konnten, dass sie jedem Benutzer gerecht wurden, so weit und tief er oder sie auch gebaut war. Einen zusätzlichen Reiz schuf der Dreistufen-Regler, den Udo aus der Scheibenwaschanlage seines alten VW ausgebaut hatte. Doch vor einem halben Jahr testete ein junges dänisches Pärchen diesen Hocker, danach war der Mann so hin- und seine Frau so hergerissen von Udos Erfindung, dass sie ihm 750 Euro auf die Hand dafür boten. Seitdem sucht er Ersatzteile für einen Nachfolger dieser Maschine.

War der »Nymphomanninenhocker« ein Fall für jede Größe gewesen, so sprengt jene Frau, die Marion und Udo unter sich nur die »Dicke Domina« nennen, alle Dimensionen. 150 Kilo schwer bei einer Größe von 1,80 Metern, trägt dieser Dragoner von Frau in schwarzem Leder ein Paar Riesenbrüste vor sich her, als Kontrast dazu folgt ihr im Schlepptau ein eher schmächtiger, willenloser Ehemann. Anderen Dominas gönnt sie nichts, sie nimmt alle männlichen Sklaven des Abends für sich in Beschlag und dank ihrer furchteinflößenden körperlichen Präsenz hält sie die weibliche Konkurrenz mühelos in Schach. Ihre Spielregeln sind einfach, aber wirkungsvoll.

In welchem Raum auch immer sie Sklaven findet, treibt sie sie in Paaren vor sich her. An geeigner Stelle zwingt sie die beiden, die sie gerade in Arbeit hat, einander zugewandt in die Knie. Dann legt sie deren Männlichkeit in Ketten, stellt sich mit weit gespreizten Beinen zwischen sie und lässt sich von vorn und hinten oral bedienen. Ist sie mit diesen Diensten nicht zufrieden, genügt ein schmerzhafter Riss an der Kette, den Eifer der beiden Knienden anzustacheln. Zwischendurch gönnt sie sich eine

Bloody Mary an der Bar, jedoch nicht, ohne vorher ihre Opfer an Kreuzen und Schlachterhaken angekettet zu haben. Konkurrentinnen, die diese Atempause zu nutzen versuchen, werden mit der Peitsche vor weiteren Übergriffen gewarnt. Eine Viertelstunde später steigt die Dicke Domina wieder in den Ring, die nächste Runde wird eingeläutet. Frühestens nach dem sechsten Orgasmus entlässt sie die Sklaven, deren Hoden inzwischen wie ein ganzer Brennnesselbusch schmerzen, wieder in die ungeliebte Freiheit.

Ist der Dragoner kein Fall für schwache Zungen, so ist »Transi Jessica« nichts für empfindliche Mägen. Nicht, dass ihr Anblick nicht für jedermanns Geschmack etwas zu bieten hätte: von hinten eine schlanke attraktive Frau mit ausgeprägt weiblichen Formen und einer langen blonden Perücke, von vorn ein stark gebauter Mann ohne jeden Anflug von Brüsten. Und Jessica ziert sich auch keineswegs, wenn Gäste beiderlei Geschlechts die Standfestigkeit ihrer Ausstattung überprüfen wollen. Doch stets spart sie sich ordentlich Munition für den letzten Schuss des Abends auf.

Dann bittet sie Marion vorn an der Bar um ein halbes Glas Sekt, nicht mehr, damit noch Platz darin bleibt, begeht vor aller Augen die Sünde der Selbstbefleckung und spritzt das Resultat in den Sekt hinein. Sekunden später sieht man Gäste mit würgenden Kehlen zur Toilette eilen, weil ihnen Jessica mit ihrer selbstgemixten Schorle erst zugeprostet und dann alles in einem Zug geleert hat. »Man soll nichts umkommen lassen, das ist schließlich das Gesündeste, was es gibt«, erklärt sie den Verbliebenen selbstzufrieden, ehe sie ebenfalls nach hinten geht und ein paar Minuten später frisch geduscht und vollständig bekleidet zurückkehrt – jetzt aber nicht mehr als Transi Jessica, sondern als Rechtspfleger Günther.

»Uaaaaaahhhhhh«, schaudert es Helga, »dann doch lieber so jemand Harmloses wie dieser Ausbildungsleiter aus Bremen.

Wenn dem mal einer aus Versehen abgeht, dann landet es höchstens in seiner Gummihose. Habe ich euch je die Geschichte von meiner Freundin Britta erzählt, die ihrem Sohn draußen in Rahlstedt den Haushalt führt?«

Britta hatte mit 50 Jahren einen so schweren Verkehrsunfall erlitten, dass sie danach nicht mehr zu einer geregelten Arbeit fähig war. Also gab sie der Bitte ihres Sohnes nach, den Haushalt seines kleinen Bordells in einem Rahlstedter Einfamilienhaus zu führen und kümmerte sich um das Essen, die Wäsche und die Hygiene des Personals. Und weil zum Angebot dieses Personals auch sado-masochistische Praktiken zählten, kam sie auch bald in Kontakt mit Sklaven, die die reife Britta den gelangweilten und nicht besonders hellen jungen Dingern vorzuziehen schienen. Britta, der jegliche Gewalt zuwider ist, wies alle Annäherungsversuche zurück – bis ihr ein reicher Kaufmann aus Bremen eine fünfstellige Summe bot, um eine Woche lang in ihrer Waschküche hospitieren zu dürfen.

Dieser Kaufmann, der dank seiner unerbittlichen Strenge im Lauf der Jahre unter Hunderten, wenn nicht Tausenden von Auszubildenden Angst und Schrecken verbreitet hatte, wünschte sich nichts sehnlicher, als rund um die Uhr Brittas Sklave sein zu dürfen. Den ganzen Tag lief er auf allen Vieren hinter ihr her, mit nichts bekleidet als einem Ganzkörperkondom, und bettelte und winselte um Fußtritte seiner Herrin. Nachts rollte er sich in einem Hundekorb vor der Waschmaschine zusammen, nur das Hundefutter verweigerte er und erhielt stattdessen eine Dose Labskaus pro Tag und ein Schüsselchen Wasser. Den Gipfel der Lust erklomm er jeden Morgen um fünf Uhr, wenn ihm Britta seine Gummi-Montur vom verschwitzten Leib riss, ihn in der Badewanne mit eiskaltem Wasser misshandelte und dabei seiner winzigen Männlichkeit mit dem Strahl einen Spritzer Freude entlockte.

Angesichts der fürstlichen Bezahlung wäre Britta nicht abgeneigt gewesen, ihn noch eine weitere Woche hospitieren zu lassen. Doch eines Abends verirrte sich eine der törichten jungen Dirnen in die Waschküche und musste sich dort von ihm, der nur Britta als seine Herrin duldete, anknurren lassen. Ein Tritt ins Gesicht schien dem Mädchen die angemessene Strafe für diese Frechheit, doch weil er dabei drei Vorderzähne verlor, erwachte in ihm wieder der Ausbildungsleiter. Rasend vor Wut griff er zu einer Wäscheleine und versuchte die Sünderin damit zu erdrosseln. Zwar konnte ihr Brittas Sohn gerade noch das Leben retten, doch danach waren für den Bremer Kaufmann die paradiesischen Zeiten in der Waschküche unwiderruflich zu Ende. »Schade«, klagt Helga erinnerungsschwer, »dabei hatte mir Britta versprochen, ihr beim morgendlichen Abspritzen einmal helfen zu dürfen. Dafür wäre ich sogar zu nachtschlafender Zeit aufgestanden. So etwas Winziges, wie sie es beschrieb, bekommt man bei euch selten, wenn nicht nie zu sehen.«

In einem Klub, der sich das wohlige Abschlaffen »danach« auf die Fahnen geschrieben hat, ist das Gegenteil davon – das Nicht-Abschlaffenkönnen – eine noch seltenere Ausnahme als die Winzigkeit eines Bremer Prokuristen. Deshalb wollen wir Udo das letzte Wort in diesem Kapitel von Schmerz und Lust überlassen – mit seiner nachdrücklichen Warnung vor dem allzu leichtfertigen Gebrauch von Wundermitteln aller Art gegen das Absinken der Männlichkeit und speziell vor der unsachgemäßen Verwendung eines Cockrings.

Zum Glück braucht Udo keiner der Damen die blutstauende Funktion eines solchen Rings zu erklären. Selbst Susanne hat während ihrer Lehre schon dazu gegriffen, um so manchem Kunden die Blamage einer vorschnellen Entladung zu ersparen. Deshalb kann er ohne Umschweife zur Sache kommen: »Vor ein paar Jahren verkehrte hier noch ein Bundeswehr-Offizier aus einer Garnison in der Heide, nennen wir ihn Harro. Der war nicht nur militärisch vom Ehrgeiz zerrissen, sondern auch hinten auf der Matte als Leistungsvögler. Unter zwei Stunden war das keine richtige Nummer, sonst fühlte er sich als Versager. Eines Abends – er hatte sich zu den S/M-Leuten verirrt – sieht er, dass fast alle Männer einen Ring um die Wurzel tragen und fragt mich, was das zu bedeuten hat, er war nicht gerade der Hellste, was das betrifft.«

»Da hört man es mal wieder: Dumm fickt gut«, spottet Helga.

»Also erkläre ich ihm, dass man davon einen Dauerständer bis zum Abwinken hat und natürlich will er sofort auch so ein Ding. Dummerweise war an diesem Abend – wir hatten ja S/M-Freitag – unser Vorrat an Ringen fast erschöpft, nur einer war noch da, der für Harros Durchmesser eigentlich viel zu eng war. Trotzdem bestand er darauf, wir geben ihm Baby-Öl, mit dem er sich und den Ring einschmiert und dann alles sorgfältig verschließt. Vier oder fünf Stunden lang hat er sich danach ausgetobt, doch als er dann zurück in die Kaserne musste, was passiert? Der Cockring, unter dem sein Rohr schon blau angelaufen war, ging nicht mehr ab. Den Notarzt wollte er nicht rufen, das traute er sich nicht als Offizier, lieber setzte er sich mit seinem Steifen ins Auto und brauste zurück in die Kaserne, anderthalb Stunden lang.«

Dort klingelte Harro einen Sanitäter aus dem Schlaf und vertraute ihm seinen inzwischen schwarzen Kolben zur Behandlung an. Nach weiteren vergeblichen Versuchen half nur noch eines: ein Bolzenschneider. Das war zwar die Rettung für seinen Lümmel, doch bei der Nachuntersuchung am nächsten Morgen kam die nächste Peinlichkeit auf Harro zu. Der Arzt verordnete ihm eine »Schwenkkur« – dreimal täglich musste das überforderte Teil in einem vollen Joghurtglas geschwenkt werden. Doch wie machte er das seiner Frau begreiflich, die doch wusste, wie sehr er Joghurt zum Frühstück verabscheute? Also schlich er sich heimlich unters Dach und schwenkte, wie ihm geheißen. Bis seine Frau beim Aufräumen auf dem Speicher ein Dutzend leerer Gläser fand.

Udo prustet in Erinnerung vor Lachen: »Er musste ihr das Märchen erzählen, dass er unter einer geheimnisvollen Mangelkrankheit leide, die nur mit Joghurt zu kurieren sei. Weil er ihr aber keine Sorgen habe machen wollen, habe er es vor ihr geheimgehalten. Und was soll ich euch sagen: Seitdem stellt ihm seine Frau zu jeder Mahlzeit ein Glas Joghurt auf den Tisch und jedesmal rennt er hinterher auf die Toilette. Seitdem hasst er das Wort Cockring genauso wie das Wort Joghurt. Prost, meine Damen, halten wir uns lieber an den Champagner hier. Bei dem ist es wie beim Cockring: Nicht die Dauer des Gelages macht es, sondern die Qualität und die Größe.«

Achtes Kapitel

Adolf von Knigge

Der gute Ton im Swingerclub

Marions und Udos »Alster Pärchen Treff« ist nicht nur der älteste Swinger-Klub Hamburgs, er gilt auch als der familiärste und diskreteste seiner Art in der Hansestadt. Wer in dieser Branche, bedroht von Halbweltexistenzen, dünkelhaften Neureichen, großmäuligen Journalisten und überpeniblen Beamten, 21 Jahre lang ohne jeden Skandal und ohne jede Strafanzeige überlebt, muss der perfekte Gastgeber sein – mit einem untrüglichen Gespür für Spreu und Weizen und mit der Fähigkeit, sie sofort und kompromisslos voneinander zu trennen. Nur so ist es zu verstehen, dass zu Marions Stammgästen Dutzende von Prominenten aus Hamburgs Politik, Kultur, Sport und Wirtschaft zählen, Prominente, die sich ihren Status durch Beständigkeit und Leistung statt durch Anbiederei bei der Boulevardpresse oder durch Talkshow-Peinlichkeiten verdient haben.

Einem dieser Prominenten, einem der einflussreichsten Wirtschaftsbosse Hamburgs, verdanken der Klub und seine Besitzer das schönste und originellste Kompliment. Als Marion und Udo vor Jahren laut mit dem Gedanken spielten, sich ins Privatleben zurückzuziehen, weil die viele Arbeit ihnen über den Kopf zu wachsen drohte, sprach der berühmte Stammgast ein Machtwort: »Das könnt ihr doch einem original Hamburger wie mir nicht antun. Ohne euch wäre Hamburg nicht mehr das, was es ist, weil ihr ebenso Kult seid wie der Michel oder die Reeperbahn.« Also machten sie weiter.

Und wie! Ständig variieren und erweitern sie das Angebot ihrer Themenabende, passen sich dem sich wandelnden Publikumsgeschmack an und werfen notfalls auch mal Ballast über Bord – so, wie es der freitäglichen »Nacht der Spiele« widerfuhr. Dabei war die Idee ebenso verführerisch wie überzeugend gewesen. Vor allem Pärchenklub-Novizen beiderlei Geschlechts sollten im Spiel ihre Schüchternheit ablegen, sei es nun mit Flaschendrehen, erotischen Kartenspielen oder frivolem Beruferaten.

Doch kaum war nach ein paar Wochen der Reiz des Neuen verflogen, kehrten die Gäste zu dem Verhalten zurück, das ihnen am angemessensten ist: Sie und Er wollten das Gesetz des Handelns wieder selbst bestimmen, um so schnell wie möglich das eigentliche Spiel beginnen zu können. Gut und schön, wenn man in der Sex-Tombola als Hauptgewinn den Gefährten der vergangenen 30 Jahre zog, aber war man dafür in einen Swingerclub gekommen? Genüsslich zitiert Udo jene Dame, die mit ihrem Argument der Spiele-Idee den Todesstoß versetzte: »Ich komme nicht hierher, um mich von der Muse küssen, sondern mich von einer anderen Frau lecken zu lassen.«

Kein Wunder bei so »mündigen Gästen«, wie Marion sie lobt, dass seit Jahren jener Themenabend der beliebteste ist, bei dem es sofort und von keinerlei Anzugsordnung eingeschränkt zur Sache gehen kann: die FKK-Party bei Kerzenschein. Als einzige Spielregel gilt, dass keiner der Anwesenden auch nur einen Fetzen auf dem Leib tragen darf, allenfalls Schamhaare sind erlaubt. Und weil das gedämpfte Kerzenlicht sogar jenen selbstkritischen Damen schmeichelt, die sich ohne Grund – denn hier im Klub ist jede Frau schön – ihrer Figur schämen, ist dies buchstäblich der hemmungsloseste Abend im Programm. Deshalb liegt auch die Erektionsquote schon vorne an der Bar weit über dem Durchschnitt. Während sich sonst schon einmal ein Paar durch einen erregten einzelnen Herrn provoziert fühlen kann, gilt das beim FKK als Bereicherung, die die Nachbarin am Tresen zu handfesten Größenvergleichen anregt. Und schon ist das Spiel bei Kerzenschein angepfiffen, ohne dass auch nur die winzigste Hülle hätte fallen müssen.

In ihrem Beliebtheitsgrad stehen der FKK-Party die »Party extrem« am vierten Montag und, als jüngster Beweis für Marions und Udos Kreativität, die Tagesparty jeden Mittwoch von 11 bis 16 Uhr kaum nach. Die Extrem-Party ist ein gepfeffertes Potpourri aus allen Themenabenden des Klubs einschließlich der S/M-Variante, die Tagesparty schließt die Marktlücke für all jene, die bisher aus familiären und anderen privaten oder beruflichen Gründen vom Mühlendamm ferngehalten wurden. Jetzt hat der Chef endlich die Chance zu einer verlängerten Mittagspause mit seiner Sekretärin, ohne dass er der Ehefrau zu Hause etwas von abendlichen Arbeitsessen oder Überstunden im Büro vorflunkern muss. Ein Geschenk ist dieser Tagestermin auch für Fußballfans beiderlei Geschlechts, die jetzt am Mittwoch nicht mehr vor der Qual der Wahl stehen zwischen Marion oder den Fernsehübertragungen der europäischen Pokalwettbewerbe.

Während sich an den genannten Abenden und Nachmittagen vor allem Frauen vom Kaliber Karin oder Anne nach Herzenslust austoben, ist der erste Montag des Monats Spezialistinnen wie Helga oder Susanne vorbehalten. An therapeutischem Wert ist diese »Bi-Party« genannte Veranstaltung allen anderen des »Alster Pärchen Treffs« überlegen, denn sie ist jenen Gästen gewidmet, die neugierig auf das eigene Geschlecht sind, es aber sonst nicht wagen, dieser Neigung auf den Grund zu gehen. Bezeichnenderweise sind es zu zwei Dritteln Männer, die es zur »Bi-Party« an den Mühlendamm zieht, weil Frauen ungleich vielseitiger und bereitwilliger zu sein scheinen, wenn es darum geht, vorübergehend das sexuelle Ufer zu wechseln – zumindest im Klub.

Stammgast und einsame Rekordhalterin bei den Bis ist Marions alte Freundin Helga, auf deren Anregung diese Form von Geselligkeit überhaupt erst ins Programm aufgenommen wurde. Innerhalb der 21 Jahre hat sie den ersten Montag im Monat nur zweimal versäumt: Einmal, als sie ihren Reiterurlaub in Montana unfreiwillig verlängern musste, weil Terroristen den Flugverkehr über den USA lahmgelegt hatten und ihr Bodo die Zeit nutzte, sich vor ihren Augen mit einem gigantischen Cowboy anzufreunden; das andere Mal nach Bodos Klassentreffen im vergangenen Jahr, als er zwei frühere Schulfreunde mit nach Hause gebracht hatte, um das gemeinsame Duschen von einst noch einmal nachzustellen, was Helga als Zuschauerin in eine solche Ekstase versetzte, dass sie hinterher zum ersten Mal in ihrem Leben drei Männern gleichzeitig Unterschlupf gewährt hatte. Und so waren auch diese beiden Montage für sie keine verlorenen gewesen.

Der zweite Montag des Monats, auch »Männerüberschuss-Abend« genannt, war bis vor kurzem Sabines Domäne gewesen, doch inzwischen beherrscht Angelika an diesem Tag die Szene. Was jahrelang unter der fröhlichen Flagge »WuSP«- (Wichs- und Spritz-) Party gesegelt war, musste in ein zeitgemäßeres »Gangbang« aufgestockt werden, weil Angelika und ihre vielen nymphomanischen Leidensgenossinnen im Klub keine Ruhe gaben.

Beim ursprünglichen WuSp war es vergleichsweise körperlos zugegangen. Auf das von Udo in der Bar aufgepumpte weiße Luftkissenbett legte sich Sabine (und nach ihr andere einzelne Frauen) nackt und gespreizt und befriedigte sich selbst vor aller Augen nach besten Kräften. Um das Bett herum drängten sich alle Männer des Abends, manchmal zwanzig und mehr, und hatten Sabines Beispiel so lange zu folgen, bis diese wundgerieben und spermabesudelt zur Seite rollte. Dass dabei jeder weitere Körperkontakt zu unterbleiben hatte, beeinträchtigte Sabines Wohlbefinden keineswegs, denn ihr war vor allem an dem Augenschmaus und dem Fortschreiben ihrer »Schwanzkladde«, wie Susanne sie abfällig nennt, gelegen.

Bis das Luftkissenbett unter den unkontrollierten Beckenstößen Angelikas, für die stets die zweite Runde nach Sabine reserviert war, zusammenbrach und dem »Nymphomaninnen-Hocker« Platz machen musste. Mit dem Wechsel des Möbels wurden auch der Name und der Charakter des Abends geändert. Jetzt lag Angelika als Erste wie ein Seestern auf dem Hocker, während die ganze Mannschaft um sie herum sich nicht mehr mit alttestamentarischer Onanie begnügen durfte. Stattdessen wurden sie von Sabine sachkundig dort eingeführt, wo es die konservativeren unter den Sexualwissenschaftlern fordern und wo es Frauen wie Angelika am sinnvollsten erscheint. Und weil Sabine die Akteure von A (dem Anlegen des Kondoms) bis Z (dem Zurückziehen aus Angelika) wortwörtlich im Griff behielt, kam auch die Männerforscherin auf ihre Kosten.

Womit wir bei einem zentralen Thema in unserem Swingerklub-Knigge angelangt wären. Oberstes Gesetz am Mühlendamm ist der Gebrauch von Kondomen; in jedem der zwölf Räume haben Marion und Udo sie körbchenweise zur freien Verwendung für jede weibliche (oder mitunter auch männliche) Öffnung ausgelegt. Pro Monat addiert sich das auf durchschnittlich 200 Exemplare, die sie für den geschützten Verkehr bereitstellen, hinzukommen die zahllosen privaten Modelle von Gästen, die auf Größe, Farbe, Geschmack oder Ausstattung ihres Lieblingskondoms nicht verzichten wollen. Und weil jedem die eigene Gesundheit am nächsten ist, funktioniert die freiwillige Selbstkontrolle im Klub so gut, dass es in all den Jahren nur einen einzigen Verstoß gegen das ungeschriebene Gesetz gab.

Marion erinnert sich an diesen Fall, als ob es heute gewesen wäre: »Es war 1985, wir hatten den Klub gerade ein paar Monate geöffnet, als die Aids-Katastrophe über uns hereinbrach. Alle waren wir geschockt, deshalb hielten wir uns peinlichst genau an alle Vorsichtsmaßnahmen, ohne Kondom lief ab sofort gar nichts mehr. Nur einer unserer Gäste glaubte offensichtlich, er sei immun. Zu dritt hatten sie eine Frau in der Sektbar angekettet und ihr die Augen verbunden, so dass sie weder sehen noch ertasten konnte, was da unten bei ihr reingeschoben wurde, ob mit oder ohne Kondom. Und einer von den dreien war doch tatsächlich so kriminell, seinen Lümmel quasi ohne Netz und doppelten Boden einzuführen. Zum Glück waren die beiden anderen so vernünftig und riefen Udo zu Hilfe. Im nächsten Moment war der Kerl draußen aus der Frau und fünf Minuten später draußen aus dem Klub. Er ist einer von den höchstens zehn Typen, denen wir in den ganzen 21 Jahren ein Hausverbot auf Lebenszeit erteilen mussten. Und die haben auch keine Chance mehr bei uns, solche Gesichter vergesse ich nie.«

Neben dem Kondom-Gebot gelten für Marion und Udo vor allem noch zwei Faustregeln, an die sie sich eisern halten. Erstens: So wild es auch in den anderen elf Räumen zur Sache geht, so verlockend es sein mag, sich ebenfalls ins Getümmel zu stürzen und ordentlich mitzumischen – einer von beiden muss immer hinter dem Tresen der Bar Wache halten und den Laden im Blick behalten. Zweitens: Wer auch immer anruft und fragt, ob sein Partner zufällig da ist, da war oder da sein wird, erhält ein unmissverständliches Nein zur Antwort, mag es nun wahr sein oder nicht. Für beide Faustregeln haben sie im Jahr eins der Klubgeschichte kräftig Lehrgeld zahlen müssen.

Heute kann Marion darüber lachen, aber damals vor 21 Jahren hatte sie wochenlang die schwersten Gewissensbisse: »Udo war mit nach hinten gegangen, weil dort ein solcher Frauenüberschuss herrschte, dass die Jungs einfach nicht dagegen ankamen und Udo war schließlich schon immer einer, der seinen Mann stehen kann. Aber als er nach einer Stunde immer noch nicht zurück war, begann ich mir Sorgen zu machen und wollte deshalb nach dem Rechten schauen. Gleich im Roten Salon stolpere ich über ein Pärchen, sie streckt mir ihren Mann entgegen und fragt, ob ich kosten wolle. Nun, man ist schließlich nicht aus Holz, und schon ergab sich eines aus dem anderen, so was kann einem als Frau ja immer mal passieren.«

Während sich also das Paar über Marion hermachte, nutzte ein gerade unbeschäftigter Gast seine Chance. Er schlich sich zurück in die leere Bar, nahm sich vom Brett die Schlüssel zu den Umkleidespinden und begann dort zu filzen. Als Marion endlich mit wackligen Knien nach vorn zurückkehrte, war der Gast mit dem Pelzmantel eines anderen im Wert von 8000 Mark verschwunden. Der schwache Trost für den Bestohlenen: In seiner Hast hatte der Dieb übersehen, dass in der Hose unter dem Pelzmantel 5000 Mark in bar steckten. Doch glücklich wurde er seines Verbrechens nicht, denn wenige Wochen später fiel er durch eigenes Verschulden einem Verkehrsunfall zum Opfer. Der Pelzmantel blieb zwar verschwunden, dennoch dürfen alle unter uns, die an eine höhere Gerechtigkeit glauben, sich bestätigt fühlen.

Den zweiten Irrtum musste Marion mit einer zerbrochenen Freundschaft bezahlen. Eines Abends rief die Schulfreundin Claudia an, ihr Hans sei ja gestern nur deshalb allein im Klub gewesen, weil sie körperlich verhindert gewesen sei, da habe er offensichtlich in seinem Brausebrand die Rolex liegen lassen. Ob Marion die Uhr gefunden habe? Vertrauensselig, wie Marion war, lief sie in die von Claudia gestellte Falle. Nein, die Rolex müsse Hans woanders verloren haben; als er gestern Abend den Klub verließ, habe er sie noch am Arm gehabt, sie könne sich noch genau an das edle Stück erinnern.

Tatsächlich hatte aber Hans seiner Claudia vorgeschwindelt, er sei zu einem Arbeitsessen in einem feinen spanischen Restaurant gewesen. Doch weil sein Atem beim Nachhausekommen nicht nach Knoblauch, sondern nach Marions altem schottischen Whisky duftete und sein Bart nach fremden Frauen, griff die gerissene Claudia tags darauf zum Telefonhörer. Die Bilanz ihres Anrufs im Swingerklub: eine geschiedene Ehe, ein jahrelanger Scheidungskrieg und eine aufgekündigte Freundschaft. Heute wird Marion weder von ihr noch von ihm gegrüßt, wenn sie einen der beiden im Supermarkt trifft.

Noch ein paar andere Faustregeln sollte jeder Gast beachten, auch wenn sie nur eingeschränkt gelten und der Verstoß dagegen lediglich mit einer freundlichen Ermahnung geahndet wird. Sex in allen Variationen und Konstellationen beispielsweise ist in jedem Raum nicht nur erlaubt, sondern sogar ausdrücklich erwünscht, angefangen mit der Umkleide neben der Bar bis zur Sauna ganz hinten. Die einzige Ausnahme bildet das Bistro mit dem kalten Büfett auf halber Strecke zwischen der Bar und den Spielfeldern. Ein Quickie zwischen Wiener Würstchen, Rollmöpsen und harten Eiern – das ginge gegen die Berufsehre des früheren Feinkosthändlers Udo. Es entbehrt nicht der Pikanterie, dass es ausgerechnet der Wursttresen seines Delikatessengeschäfts an der Hoheluft war, über den er seine spätere Frau Marion beugte, um es ihr, wie er heute sagt, »kräftig von hinten zu besorgen«. Es sollte der Beginn einer bisher 27-jährigen glücklichen Ehe werden.

Erlaubt ist dagegen das Rauchen, allerdings nur vorne in der Bar, die der Gast als Erstes betritt und wo dank der Eingangstür, die Udo zahllose Male pro Abend zu öffnen hat, die beste Entlüftung herrscht. Es grenzt an ein Klimawunder, dass trotz des beständigen Kommens und später am Abend auch Gehens stets eine heimelige, wohltemperierte Atmosphäre rund um den Tresen herrscht. Hinter dem Vorhang jedoch, der die Bar von den übrigen Räumen trennt, gilt uneingeschränktes Rauchverbot. Wenn dort Rauch und Dampf aufsteigen, kann man sicher sein, dass das nicht von einer Zigarette oder Pfeife stammt. Was Udo die Gelegenheit gibt, schnell einen Kalauer einzustreuen: »Kennt ihr den, wo eine Freundin die andere fragt: Sag mal, rauchst du eigentlich auch immer nach dem Verkehr? Und die andere antwortet: Du, da muss ich beim nächsten Mal direkt nachschauen da unten.« Marions vorwurfsvolles »Aber Udo, den erzählst du doch jedes Mal« tut seinem fröhlichen Grinsen keinen Abbruch.

Bei Gastgebern, die sich wie Marion und Udo als oberste Pflicht die Zufriedenheit, die Befriedigung und das Wohlbefinden des Publikums gesetzt haben, wundert es nicht, dass ganz unten auf ihrer Beliebtheitsskala jene stehen, die sich von allen anderen absondern und nur ihr eigenes Süppchen kochen wollen. Die Lesbenbande im fünften Kapitel war dafür das krasseste Beispiel, doch ebenso wie bei diesen am Ende volltrunkenen fünf jungen Damen legen es die Hausherren auch bei anderen Sonderlingen darauf an, dass ihr erster Besuch auch der einzige bleibt. Die sonst so warmherzige und fürsorgliche Marion ist dann nicht wiederzuerkennen mit ihrer scharfkantigen Distanz, an der sich jeder schneiden muss, der keine Hornhaut auf seinem Empfindungsvermögen hat.

Beispielhaft für diese Kategorie von Gästen war ein Neureichen-Paar aus Othmarschen – sie eine hochnäsige nachgemachte Blondine knapp über 20, er mehr als doppelt so alt – an das sich Marion nur mit Schaudern erinnert. »Als sie ihre Spindschlüssel am Tresen abgaben und sich zwei Bloody Marys einschenken ließen (›Aber die neulich im Hilton in New York waren wesentlich stärker und schmackhafter‹, meckerte der Kerl nach einem Probeschluck), fragte ich sie, woher sie ihre tolle Sonnenbräune hätten und bekam zur Antwort: ›Aus Aspen, Colorado natürlich. Wo sonst kann man heutzutage noch Skiurlaub machen?‹ Und als sie sich dann auch noch in den äußersten Winkel der Bar, auf das Sofa im Eingangsbereich, verzogen, um bloß unter sich bleiben zu können, hatten sie es sich bei mir endgültig verdorben. Deshalb überhörte ich ganz geflissentlich das Schnipsen, mit dem der Kerl zwei neue Bloody Marys bestellen wollte, bis er schließlich seine Frau zum Nachtanken abkommandieren musste.«

Als das feine Paar danach hoheitsvoll nach hinten ins Französische Zimmer schritt und die Schiebetür hinter sich zuzog, hörte und sah man zwei Stunden lang nichts mehr von ihm. »Mein Udo machte dann etwas, was wir sonst nie machen, weil Diskretion ein ehernes Gesetz bei uns ist: Er öffnete die Tür, um ihnen zu sagen, sie möchten sich etwas kürzer fassen, andere hätten auch Anspruch auf eine Einzelzelle. Doch sie lagen nur da und schliefen, nicht einmal dafür hat es bei ihnen gereicht. Und als der Gemahl bei Udos Worten hochschreckte und ihn ›Raus, sofort!‹ anpfiff, drückte der ihm die Spindschlüssel in die Hand und deutete stumm in die Richtung, wo der Zimmermann das Loch gelassen hat. Ich hörte nur noch, wie die falsche Blondine beim Weggehen in ihre Nerzstola murmelte: ›Das ist hier ja schlimmer als im Nachtasyl.‹ Weiß der Himmel, woher sie wusste, wie es dort zugeht.«

So deplaziert das Auftreten der beiden war, so unfreiwillig komisch war auch ihr Aufzug gewesen. Sie im wahrsten Sinn des Wortes atemberaubend eng in Lack und Leder verschnürt und über und über mit Silberkettchen behangen, er in viel zu weiten, verwaschenen Boxershorts von Tchibo Prozente, die als Blickfang beinahe die stümperhaften Tätowierungen auf dem Rücken – Rosen, durchbohrte Herzen, Anker und ein Eiffelturm – ausgestochen hätten: Offensichtlich war das der Dernier Cri aus Aspen Colorado. Willkommenere Gäste hätte Marion diskret darauf hingewiesen, dass ein schlichtes Handtuch um die Hüften sie vorteilhafter aussehen ließe. Denn der erste Schritt zum

Erfolg im Swingerklub ist, neben einem gewinnenden Lächeln und unaufdringlicher Unterhaltung, eine angemessene Anzugsordnung. Als Erstes seine Männlichkeit zu präsentieren, wie es manche Übereilige tun, und sei diese Männlichkeit auch noch so imponierend, zieht nach Marions Erfahrung nur bei zehn Prozent ihrer weiblichen Gäste.

Was ein »angemessener Aufzug« ist, lässt sich am besten mit Beispielen des Gegenteils definieren. Als unangemessen gelten in diesen Kreisen weiße Tennissocken – womöglich von Mutti selbst gestrickt – mit Straßenschuhen, die kochfesten Hemden der Lesbenbande aus dem 5. Kapitel, Sockenhalter bei Männern oder die Pluderhosen von Soziologiestudentinnen aus den Siebzigern. Der hoffnungsloseste Fall an Geschmacklosigkeit sind für Marion Unterhosen à la Schießer-Feinripp mit Rechtseingriff. Solchen Männern bleibt nur die Flucht in den Dark Room und die Hoffnung, dass sich im Dunkeln eine bedürftige Frau dorthin verirrt.

Doch auch in dieser Szene hat sich der Zeitgeschmack gewandelt. Zeigten sich die Swingerinnen vor zwei Jahrzehnten noch freizügig in Strapsen ohne Höschen, in Bustiers und in Bodys mit großen, kreisrunden Aussparungen an den taktisch wichtigsten Stellen des weiblichen Körpers, verhüllen sich die Damen heute auf viel diskretere und raffiniertere Weise. Das höchste der Gefühle sind Marions Minikleid, das bis eine Handbreit unter den von keinerlei Stoff verborgenen Schritt hinabreicht, ihr durchsichtiges langes Netzkleid oder, an S/M-Abenden, ein breiter schwarzer Ledergürtel, wie sie ihn auch am FKK-Strand tragen könnte. Männer dagegen bevorzugen Schlichteres: modische Boxershorts, hautenge Slips von Boss und darüber einfarbige, weit geschnittene T-Shirts, um den Bauchansatz zu verschleiern – wenn sie sich nicht ohnehin mit einem Handtuch begnügen, um im Notfall durch einen schnellen Griff sofort einsatzbereit zu sein.

Es liegt in der Natur der Branche, dass das Rotlicht-Milieu einen begehrlichen Blick auf erfolgreiche Amateure wirft, wie es Swinger-Klubs oft sind. Doch im Gegensatz zu manch einem Konkurrenten, der das dann auch bitter büßen musste, konnten Marion und Udo alle Annäherungsversuche der Profis schon im Keim ersticken. Vor Jahren etwa beklagte sich ein empörter Gast bei Udo, dass er sich zu einer im Roten Salon lagernden nackten Dame habe gesellen wollen, doch wurde er daran von einem drohend blickenden Herrn gehindert, der sich als der »Verlobte« vorstellte und nur gegen Zahlung von 50 Euro bereit war, seine Eifersucht zu bezähmen.

Eine andere Dame diente sich den Gästen vor der Massagebank an, die Udo zwischen Sektbar und Nasszellen platziert hat. Doch wenn die plötzlich unheimlich verspannten Swinger das Angebot annehmen wollten, präsentierte ihnen die professionelle Masseuse erst einmal ihre Preisliste: 10 Euro ohne Behandlung der Geschlechtsteile, 40 für Handbetrieb, 50 für Französisch. In beiden Fällen sprach Udo ein paar so unmissverständliche Worte mit diesen Trittbrettfahrern, dass es sich im Milieu herumgesprochen zu haben scheint, denn seitdem herrscht Ruhe. Verirren sich dennoch hin und wieder Halbweltgrößen an den Mühlendamm, kommen sie als zahlende und nicht als abkassierende Gäste.

»Massagebank? Ihr habt eine Massagebank? Das ist ja das Erste, was ich höre«, wundert sich Angelika.

»Seit Jahren, Schätzchen, seit Jahren«, sagt Marion und spottet: »Aber weil du ja nie über das Kaminzimmer hinauskommst« – das größte Zimmer des Klubs, das Angelika bei jeder Gelegenheit im Schnelldurchlauf ansteuert –, »bist du blind für Udos ganze Kunststücke. Vielleicht sollten wir alle gemeinsam einen Stubendurchgang machen, es hat sich doch einiges verändert in den vergangenen Wochen und Monaten. Udo, zeig unseren Gästen doch mal, was du alles für schöne Sachen machst.« Bereitwillig erheben sich die sechs Damen und folgen ihren Gastgebern auf die Führung durch die zwölf Raume von Udos »Traumschloss meiner erotischen Fantasie«, wie er es halb ironisch, halb liebevoll nennt.

1. Der Barraum

Hier empfangen Marion und Udo ihre Gäste und händigen ihnen als Erstes die Spindschlüssel für die benachbarte Umkleide aus. Blickfang und Regiepult in einem ist der rechtwinklige Tresen mit einem Dutzend Plätzen auf Barhockern und Sitzbank. Von diesem »Pult« aus hat die Regie auch einen guten Blick auf Angelikas Nymphomaninnen-Hocker und, in der anderen Ecke, auf die Couchgarnitur, damit sie dort animierend eingreifen kann, wenn sie das Gefühl hat, dass sich Langeweile und lähmende Trägheit breit machen.

Neben Arroganz, wie es bei den Parvenüs aus Othmarschen der Fall war, und Schüchternheit gibt es noch ein drittes Motiv, sich in der Sitzecke in die Polster zu werfen: In Kopfhöhe ist der einzige Bildschirm des Klubs für Porno-Videos und -DVDs angebracht, die die Wissbegierigen fortbilden, die Zögernden inspirieren und die Gesättigten wieder auf den Geschmack bringen sollen.

Früher konnte man sich auch in anderen Räumen, zum Beispiel dem Kaminzimmer, nebenher farbige Filme anschauen, doch dort entpuppte sich das seltsamerweise als Stimmungstöter. Udo: »Entweder fühlten sich die Leute, die eigentlich selber zur Sache gehen wollten, gestört und abgelenkt oder sie bekamen Minderwertigkeitskomplexe vor der Konkurrenz in den Filmen. Versetzt euch doch nur in eine Frau hinein, die das Riesending eines Schauspielers vor Augen und gleichzeitig eine halbe Portion in der Hand oder sonst wo drin hat. Das muss doch abtörnen, und zwar nicht nur sie, sondern auch ihn.«

»Ja, ja, Filme ›dabei‹ können Gift für die Stimmung sein.« Karin greift in ihren reichen Fundus an Erfahrungen. »Das ist meinem Benno vor ein paar Jahren in einem anderen Klub so ergangen. Überall war tote Hose, nur im Fernsehraum sitzt eine nackte junge Frau und schaut sich »Abenteuer in Rio« mit Jean-Paul Belmondo an. Weil sie die Beine offen und eine Hand dazwischen hat, nimmt er das als Aufforderung, krabbelt zwischen ihre Schenkel und ersetzt die Hand durch seine Zunge. Die Frau sagt keinen Mucks, rührt auch keinen Finger, starrt immer nur geradeaus auf den Fernseher, bloß zwischen den Beinen zuckt sie im Sekundentakt. Das ging eine geschlagene Stunde lang so, bis Benno das Handtuch warf. Nichts hatte er von der ganzen Arbeit, nur einen tauben Unterkiefer zum Dank dafür, dass er der Dame das aufregende Gefühl verschafft hat, von Belmondo persönlich geleckt zu werden.«

Auch Marion weiß zum Thema »Filme beim Sex« eine Geschichte mit zweifelhaftem Happy End beizusteuern: »Ihr erinnert euch doch alle an Sabines Schwanz-Paul«, (wieso meiner?, protestiert die Beschuldigte), »der schreckt wirklich vor nichts zurück. Damals hatte er gerade so ein kleines Dummchen aus Pinneberg aufgerissen, kaum zwanzig war sie und so was von verliebt, ihr könnt euch das nicht vorstellen. So verliebt, dass sie sogar hierher mitgekommen ist, obwohl sie es garantiert noch nie in Gegenwart von anderen getrieben hatte. Die beiden verschwinden sofort nach hinten, natürlich nicht ins Französische Zimmer, wo sie allein gewesen wären, sondern ausgerechnet vor den Kamin, weil Paul ja wie immer etwas mehr vom Leben haben will.«

»Hoffentlich hat die arme Kleine wenigstens die Augen zugemacht dabei, wenn sie schon die ganze Stöhnerei und Schreierei mit anhören musste.« Susanne beginnt zu ahnen, dass sich hier eine Tragödie anbahnt.

»Nach einer ganzen Weile kommen die beiden ziemlich kaputt wieder nach vorn, vor allem die Kleine ist angeschlagen. Aber statt ihr was zu trinken zu besorgen und sie mit etwas Süßholzraspeln wieder aufzubauen, schleift sie dieser Stiesel in die Sitzecke, natürlich vor einen Porno heftigster Sorte, was anderes hat dieser Paul doch nicht im Kopf. Plötzlich hören wir einen Aufschrei, die Kleine springt auf und versteckt sich in der Umkleide. Wen hat sie auf dem Bildschirm mitten in einer Massenvögelei erkannt? Ihren geliebten Paul natürlich, ist ja auch nicht zu übersehen mit seinem Prügel. Sie weint, will sofort nach Hause und von ihm in den Arm genommen werden, doch er lacht nur und gibt jetzt auch noch damit an, dass er für die Rolle zwei Hunderter Zulage bekommen hat, weil er so gut gewesen sei. Das wars dann, die Kleine hat ihm den Zweitschlüssel zu ihrer Wohnung abgenommen und ist mit verheultem Gesicht davongerannt.«

»Die armen, armen Dinger, nein aber auch.« Susanne wird von Mitgefühl überwältigt.

»Nun, ganz so arm nun auch wieder nicht.« Marion holt die Mitfühlende rasch auf den Teppich zurück. »Ein paar Monate später war die Kleine wieder da, aber nicht mit Paul, sondern mit einem Bi-Paar in den Fünfzigern. Und diesmal hat sie wirklich alles weit aufgemacht, auch die Augen, ich war nämlich neugierig und habe mich ein paar Minuten dazugelegt. Die Bi-Frau hat sie mir hinterher in den höchsten Tönen gelobt, so ein Naturtalent habe sie ewig nicht mehr gehabt, die müsste ich unbedingt auch einmal ausprobieren. Aber ihr wisst ja, dass das nicht mein Ding ist.«

»Und das Ding von der Kleinen, weißt du da Näheres? Hast du vielleicht die Telefonnummer von ihr?« Susannes Mitleid ist wie weggefegt.

»Nein, Susanne, du weißt, dass das noch so eins von unseren eisernen Geschäftsprinzipien ist. Telefonnummern geben wir grundsätzlich nicht heraus, nicht einmal an dich. Aber komm doch einfach zum nächsten Bi-Abend, die Kleine hat ganz rote Bäckchen bekommen, als ich ihr davon erzählt habe.« Und während ihr Susanne um den Hals fällt und sie abküsst, führt uns Udo in den nächsten Raum.

2. Die Umkleide

Schmucklose, aber funktionale Metallspinde bilden den Rahmen zum geschäftlichen Mittelpunkt des Klubs, der von einem unpräzise formulierenden Journalisten unter den Gästen einmal »Die Börse« getauft wurde. Hier erledigt Marion das Finanzielle. Um Missverständnissen oder gar Misstönen vorzubeugen, kassiert sie im Voraus und zwar 60 Euro für einzelne Herren und 25 (oder am Wochenende 30) Euro für Paare; einzelne Damen haben, trotz der Sauforgie der Lesbengang, weiterhin freien Eintritt. Der Betrag für die Herren klingt anspruchsvoll, relativiert sich aber schnell, wenn man bedenkt, was dafür geboten wird: Das Büfett und die Getränke, vom Wasser bis zum Höchstprozentigen, sind ebenso mit inbegriffen wie die Sauna und die Benutzung sämtlicher Gerätschaften. Und der Vergnügenszugewinn ist in Euro schon gar nicht zu beziffern. Also auch auf dieser Ebene keine Spur von Zwie- oder Rotlicht, sondern alles ehrbarer hanseatischer Kaufmannsgeist.

Dennoch geht es selbst in der nüchternen Atmosphäre der Umkleide mitunter ganz unkaufmännisch zu. Dass sich einzelne Herren mit eigener Hand in Hab-Acht-Stellung hineinreizen, weil sie hoffen, damit die Damen am Tresen beeindrucken zu können, ist für Marion ein alltäglicher Anblick. Ungewöhnlicher war da schon die Show, die eine Novizin aus Hannover abzog. Klein, spillerig und mit einem wahren Afro-Look zwischen den Beinen, machte sie alles anders als die anderen.

Fast alle Klubbesucherinnen entledigen sich in einer Ecke der Umkleide unauffällig ihrer Straßenkleidung, um dann Dessous oder einen anderen »Kampfanzug« überzustreifen. Die Hannoveranerin dagegen riss sich als Erstes die Jeans mitsamt dem Slip darunter vom Leib und präsentierte dann sich und »sie« frontal den Zuschauern am Tresen. Alle, ob Männlein oder Weiblein, starrten gebannt auf jene Stelle, die die Namensgeberin für die Straße »Zum dicken Busch« in der Hamburger Nachbargemeinde Barsbüttel hätte gewesen sein können. Nicht auf die vielen Kettchen und Ringe, die sie jetzt in Zeitlupe ablegte, starrten sie, nicht auf den flachen Busen, nachdem die Neue im Schneckentempo die Bluse aufgeknöpft hatte, und auch nicht auf das unscheinbare Gesicht, sondern nur »dorthin«. Im Zeitalter der Intimrasur hatte sie die Marktlücke erkannt und wucherte nun vor aller Augen mit ihrem üppig behaarten Pfund.

Bis ausgerechnet die Männer-Spezialistin Sabine diesen Bann brach und sich von ihrem Barhocker schwang. Mit allen fünf Fingern griff sie in den dicken Busch und riss so kräftig daran, dass dessen Besitzerin in ihrer Überraschung einen Schmerzensschrei ausstieß. »Wollte nur mal sehen, ob das alles echt ist oder ob sie was darunter mit einer Perücke verstecken muss.« Doch dann erlag selbst Hetero-Sabine dem Reiz des Ungewohnten und mochte nicht mehr loslassen, was sie da alles an echter Frau in der Hand hielt. Bis die Hannoveranerin in die Runde rief, ob ihr nicht jemand die anderen Räume zeigen wolle und sich alle angesprochen fühlten. Das Ende vom Lied war ein wildes Handgemenge im Kaminzimmer, in dem sich beide Geschlechter über die »neue Hündin im Dorf«, wie es Anne respektlos formulierte, hermachten. Als sie schließlich als Letzte wieder nach vorn kam, grinste sie Marion triumphierend an: »Ich hatte sie alle. Sie hatten mich und ich hatte sie.«

Die Umkleide ist nicht nur der sachlichste und schmuckloseste Raum des Hauses, sondern auch der leiseste. Meist akklimatisieren sich die Neuankömmlinge, indem sie sich beim Umziehen nur halblaut miteinander oder mit Marion unterhalten, man will schließlich nicht durch laute Sprüche, sondern durch Taten überzeugen. Hin und wieder geschieht es, dass am Tresen das unterdrückte Stöhnen einer Frau von nebenan zu hören ist, weil der Partner es nicht abwarten konnte und schon am Spind vor ihr in die Knie ging. Doch so richtig laut wurde es dort nur ein einziges Mal in der Klubgeschichte, als die Gäste an der Bar durch den dröhnenden Brunstschrei eines Walrosses aufgeschreckt wurden. Das Walross entpuppte sich als ein schlanker, kultivierter Hörfunkredakteur, bei dem sich seine zukünftige Sekretärin gerade mündlich beworben und dabei die Technik einer Saugpumpe angewandt hatte.

Mitunter geschieht es auch, dass Gäste nicht nur beim Einchecken, sondern auch beim Abflug nach Hause die Übersicht verlieren. Ob es nun das Alkohol-Angebot an der Bar gewesen war oder die betäubende Ausstrahlung der Damen, die ihnen die Sinne benebelt hatte – jedenfalls konnten zwei Stammkunden nach der Rückkehr zur Ehefrau die Schuhe an ihren Füßen nicht mehr als die eigenen erkennen. Der eine aus dem kleinbürgerlichen Schnelsen trug zu seiner Verblüffung maßgefertigte Krokolederschuhe, der andere aus dem eleganten Duvenstedt starrte auf ein Paar ausgelatscher, schiefgetretener Sandalen. Nur die Farbe Braun war den Schuhen gemeinsam.

Des Rätsels Lösung: Beide Herren hatten bei der Ankunft im Klub ihre Schuhe nicht in den Spind hinein, sondern obendrauf gestellt. Stunden später, den Kopf voll schöner Erinnerungen – oder, wie Karin sagen würde, voll Sex und Suff –, griffen sie beim

Anziehen achtlos nach etwas Braunem auf dem Spind. Bevor nun die ahnungslos zu Hause gebliebenen Ehefrauen die Verwechslung entdecken konnten, musste der Schaden behoben werden. Also riefen die Herren weit nach Mitternacht bei Marion an und verabredeten sich zu einer umgehenden Tauschaktion. Wer die weiten Wege Hamburgs kennt, wird die beiden Ehefrauen verstehen, wenn sie sich über die spontanen und untypischen »Waldspaziergänge« ihrer Lebenspartner mitten in der Nacht wunderten.

3. Das Bistro

Bevor der Gast in das »eigentliche« Vergnügungszentrum vorstößt, bieten ihm Marion und Udo die Möglichkeit, sich im Bistro zu verproviantieren: Dazu dient das täglich frische Büfett, bei dessen Gestaltung Udo seine langjährige Erfahrung als Feinkosthändler zugute kommt. Ein reichhaltiges Angebot aus Salaten, Eiern, Suppen, hausgemachten Frikadellen, Würstchen, Fisch, Brot und Obst steht dem Hungrigen zur Auswahl. Verzehrt werden kann das alles an einem der kleinen Bistro-Tischchen gegenüber, sofern man nicht von der Ungeduld dazu getrieben wird, sich auf einen schnellen Imbiss im Stehen zu beschränken.

Wie wir schon weiter oben dargestellt haben, gilt in diesem Bereich eine strikte Trennung von Tisch und Bett, um sowohl Essensreste in den Liegeräumen weiter hinten als auch Spuren der Lust zwischen dem Büfett zu verhindern. Bis auf eine Ausnahme haben es Marion und Udo geschafft, dass sich jeder an diese Regel hielt. Der Einzige, der dagegen verstieß, wurde ebenso mit Hausverbot auf Lebenszeit bestraft wie der Kondom-Verächter in der Sektbar.

Eines Tages fläzte sich ein junger Mann um die Dreißig an die Bar, stellte sich als Waldi vor, »der mit dem langen Wedel«, und begann zu renommieren: wen er alles kenne, wo er schon überall mit wem diniert habe und wie er es dem und jenem gegeben habe, wenn der frech habe werden wollen. Marions ironische Bemerkung, dass einer wie er zum Skifahren ja nur noch nach Aspen Colorado könne, konterte er mir einem herablassenden »Kannste vergessen, die ganzen Amis. Lake Placid, Squaw Valley, Aspen – alles vergessen«. Das Einzige, wo der Mann von Welt heute absteige, sei das Palace in St. Moritz – »sofern man sich das leisten kann«, wobei Waldi verachtungsvoll in die Runde blickte.

Weil spätestens jetzt alle weiblichen Gäste vor dem Großmaul davongerannt waren, begab sich Waldi nach hinten auf die Pirsch. Doch wo immer er die Witterung aufnahm, ob im Roten Salon, im Kaminzimmer oder in der Sauna, schon ergriff das Wild die Flucht. Im Französischen Zimmer glaubte er sich endlich am Ziel, weil sich dort – vermutlich aus Mangel an Männern wie ihm – vier Frauen einem Damen-Doppel hingaben. Doch seiner Idee, den Schiedsrichter zu spielen, erteilte eine der Spielerinnen eine so schnippische Abfuhr (»Ein Mann von Welt sollte nicht auf solchen wie uns absteigen«), dass der verhinderte Casanova bei Marion wütend den Spindschlüssel einforderte und dann grußlos verschwand.

Eine Abschiedsbotschaft immerhin hatte er hinterlassen. Als die Gastgeber weit nach Mitternacht das Büfett abräumten, fanden sie tief im Obstkorb verborgen ein gefülltes Kondom. Die Spur führte zu Waldis Wedel; übereinstimmend berichtete das Damen-Doppel, der von ihnen Verschmähte habe sich, weil er das wohl für die angemessene Rache hielt, vor ihren Augen mit eigener Hand erleichtert, danach das Kondom verknotet und es, höhnisch pfeifend, nach vorne getragen.

Falls es jetzt noch eines Beweises bedurft hätte, folgte er tags darauf im Internet-Gästebuch des Alster Pärchen Treffs. Dort nämlich hatte sich Waldi mit der Botschaft eingetragen: Keine Frauen, keine Stimmung, mieser Fraß. Trotzdem bin ich bereit, euch eine letzte Chance zu geben.« In ihrer Antwortmail bat ihn Marion, dass er ihnen diese letzte Chance ersparen möge, weil er bis in alle Zeiten Hausverbot habe. »Und keine Sorge, solche wie dich erkennen wir immer wieder – an den Manieren, nicht am Wedel.«

4. Der Dark Room

Von der sexfreien Zone des Bistro ist es nur ein paar Schritte zu jenem Raum, den die Abenteurer das »Kap der guten Hoffnung« und die Schüchternen den »Salon zur letzten Hoffnung« nennen. Ein bisschen kann man hier die Stimmung eines Vabanquespielers in einem illegalen und daher verfinsterten Spielsalon nachempfinden: Kriecht jemand in der Dunkelheit zu mir und wenn ja, wird es das Rouge einer Frau oder das Noir eines Mannes sein? Oder kommt meine Kugel doch wieder auf der Niete der grünen Zero zu liegen? Wie bei einem erfahrenen Spieler hilft hier nur eines: Ruhe bewahren und, wenn sich eine Chance bietet, beherzt zugreifen.

Auf diese Weise landen nicht nur genierliche reife Damen wie das 70-jährige Lottchen aus Karins Kapitel ihre Volltreffer, manchmal sogar im Dreierpack, sondern auch bisexuelle Männer sind hier in ihrem Element. Ist es eine weibliche Hand, die sich tastend an mir nach unten bewegt, oder habe ich endlich wieder die Gelegenheit, meine uneingestandenen Neigungen auszuleben, ohne dass man mich erkennt und ich hinterher als schwul gebrandmarkt werde? Oder, am allerbesten, ziehe ich den Hauptgewinn mit einem gemischten Pärchen, von dem ich mir eine sexuelle Rundumbetreuung versprechen kann?

Von den heute anwesenden Damen hat jede schon Erfahrungen im Dark Room gesammelt, doch war es immer nur das Motiv der »letzten Hoffnung«, das sie in die Finsternis trieb, wenn es in den anderen Räumen zu fortgeschrittener Stunde nichts mehr zu holen gab. Sabine stört es, dass sie hier, wo sie kaum die Hand vor Augen erkennen kann, die Größe und die Form der Männer nur ertasten, sie aber nicht betrachten kann, ebenso geht es Helga und Susanne, für die beim Sex das Auge die Empfindsamkeit eines Geschlechtsorgans hat. Und Karin, Anne und vor allem Angelika wollen »dabei« nicht nur sehen, sondern auch gesehen werden, weil sie damit zum einen ihre exhibitionistische Ader befriedigen können und zum anderen durch das Spektakel, das sie bieten, noch ein paar Männer mehr anlocken.

Eine nahezu unfehlbare Methode, Männer in den Dark Room zu locken, haben jener Landwirt und seine Frau aus der Gegend von Neumünster perfektioniert, die immer nur sonnabends an den Mühlendamm kommen, weil ihnen als Frühaufstehern die Themenabende unter der Woche zu anstrengend sind. Er versteckt sich in der Dunkelheit, während seine dralle Bäuerin die fleischfressende Pflanze spielt und mit ihrer feuchten und nur spärlich behaarten Venusfliegenfalle (ihr botanischer Name: Dionaea muscipula) die Insekten anlockt. Sie steht nackt in der offenen Tür, spreizt sich mit den Fingern der linken Hand und schnappt mit der Rechten zu, sobald der Neugierige die ersten Zeichen von Erregung zeigt. Dann zieht sie den Ahnungslosen daran auf die Liege und führt ihn bei sich ein, während ihm sich der Ehemann von hinten nähert und die Falle endgültig zuschnappen lässt. Doch keines der Opfer hat sich je bei Marion darüber beschwert, dass er der Venusfliegenfalle auf den Leim gegangen ist.

5. Der Rote Salon mit dem Voyeursgang

Zwei Besonderheiten unterscheiden den an den Dark Room anschließenden Roten Salon von allen anderen Räumen: Er ermöglicht mit seiner Schaukel die artistischsten Geschlechtsakte des Klubs und er ist ein Paradies für Voyeure. Den zweiten Vorzug verdankt er drei Sehschlitzen in Augenhöhe und drei kreisrunden Löchern unterhalb der Gürtellinie, die Udo allesamt an der Stirnseite des Salons in die Wand gebohrt hat.

Der Rote Salon ist es auch, den Karin immer als Ersten ansteuert, sofern sie nicht in der Bar wegen dringenderer Angelegenheiten festgehalten wird. Hier ist nicht nur Platz genug, dank der Schaukel bis zu sechs Männer gleichzeitig zu befriedigen, die Sehschlitze verschaffen ihr auch den zusätzlichen Kitzel der Gewissheit, dass sie von onanierenden Spannern beobachtet wird. Und schließlich kann sie weitere Früchte ihrer Arbeit im Salon ernten, wenn sie sich jenem Teil der Zuschauer widmen kann, das ihr durch das Loch in der Trennwand entgegengestreckt wird. Für Karin ist das der krönende Abschluss ihrer Turnübungen, »Sex pur«, wie sie es auf Neudeutsch nennt. »Denn da ist der Mann auf das Wesentliche komprimiert. Kein Gesicht, kein blödes Gequatsche, keine ungeschnittenen Fußnägel, nur das Eine, das, was man von den Kerlen wirklich braucht.«

Diesen kreisrunden Löchern verdankt die Frauenrunde die hübscheste Geschichte über Schwanz-Paul, jenen Hohlkopf, auf den alle von ihnen leichten Herzens verzichten würden, wenn, ja wenn nicht jener Teil seines Spitznamens wäre, auf den sie doch immer wieder gern zurückgreifen, wenn keine Konversation mehr nötig ist. Zum besseren Verständnis sollte der Leser wissen, dass Paul auf nichts so bedacht ist wie auf seinen Ruf, ein unabweichlicher Heterosexueller zu sein. Wenn er das Wort »Ideologie« kennen würde, würde er daraus eine machen: ein linientreuer Stalinist der Heterosexualität. Nichts kann ihn mehr in Zorn versetzen, als wenn sich zwischen ihn und die Frau, die er gerade bestiegen hat, eine andere männliche Hand schiebt, um sie an empfindlichster Stelle zu streicheln und dadurch ihr Vergnügen zu verdoppeln. »Verschwinde, du schwule Sau«, hört man dann Paul schreien und dem Frevler Schläge androhen.

Eines Tages nun kniet Anne vor ihrem Ollie im Roten Salon und lässt ihm wieder einmal jene Behandlung zuteil werden, mit der sie sein Herz bei ihrer ersten Begegnung vor bald zehn Jahren gewonnen hatte. Plötzlich sieht sie aus den Augenwinkeln heraus, dass sich ein mächtiger Kolben durch eines dieser Löcher schiebt. »Das kann nur Paul sein«, flüstert sie Ollie ins Ohr, »darf ich den zwischendurch auch mal?«

»Lass mich das machen«, flüstert Ollie zurück, »der Arsch soll sein blaues Wunder erleben.« Annes Lebensfährte ist nicht gut auf Paul zu sprechen, seit auch er von ihm Prügel angedroht bekam, weil er einer Frau unter diesem stoßenden Holzklotz mit dem Finger hatte helfen wollen. Nur die energische Anne konnte damals eine Schlägerei verhindern, die für Paul übel ausgegangen wäre.

Also nutzt Ollie den toten Winkel der Sehschlitze, robbt sich auf dem Bauch an das Loch heran und beginnt dort zu lutschen, wo nach Pauls Vorstellung eigentlich Annes Mund sein müsste. Keine Minute später fängt Ollie an zu prusten und zu spucken, Paul zieht sich zurück und verschwindet nach vorn, während Anne das unterbrochene Spiel mit ihrem Freund zu Ende führt.

Derweil muss sich Marion am Tresen von Paul vorschwärmen lassen: »Das war vielleicht eine geile Alte eben, so wie die hat mich noch nie eine geblasen, damit könnte sie jede Menge Kohle bei uns im Film machen. Mann, war die gut, wenn ich nur den Namen wüsste, die würde ich ganz groß rausbringen.« Weil der kurzsichtige Paul zu eitel für eine Brille und zu geizig für Haftschalen ist, hatte er Anne selbst aus nächster Nähe nicht erkannt.

Sonst hätte er sich erinnern müssen, dass sie eine viel subtilere Technik besitzt als ihr in dieser Disziplin unerfahrener Ollie.

Wenig später kommt auch das Paar nach vorn und setzt sich an der Bar neben Paul. Und jetzt schlägt für Ollie die Stunde der Rache. »Weißt du, Marion, ich habe ja noch nie einem Kerl einen abgekaut, aber eben, da schob einer seinen richtig schnuckeligen Schwulenpimmel durchs Loch, dass ich nicht widerstehen konnte. Und du glaubst nicht, wie der Kerl darauf abgefahren ist, ich hatte ihn kaum im Mund, da schoss er schon ab. Aber er hätte sich ja wenigstens bedanken können, statt einfach wegzurennen, sie haben einfach kein Benehmen, diese komischen Schwulen.« Marion erzählt, dass Paul kreidebleich geworden und dann überstürzt in Richtung Toilette gerannt sei. Danach hat sie ihn drei Jahre nicht mehr gesehen, ehe er offensichtlich seine Schmach für verjährt hielt und wieder zum Mühlendamm kam – mit Manieren, die um keinen Deut besser waren als jene, die Ollie so missfallen hatten.

6. Das Französische Zimmer

Seinen Namen verdankt dieser zwischen Rotem Salon und Kaminzimmer angesiedelte Raum nicht einer bestimmten sexuellen Technik, sondern dem romantischeren Aspekt des Begriffs »französisch«. Marion nennt ihn »das Zimmer für Verliebte und solche, die es werden wollen« und tatsächlich genießt er zwei Vorzüge, die für manche die Voraussetzungen für Romantik sind: Er ist der kleinste und damit intimste Raum des Hauses, mit einem Fassungsvermögen von maximal vier Personen (für den Fall, dass sich auch einmal zwei Paare ineinander verlieben), und er ist der einzige, in dem man unter sich bleiben kann, wenn man das denn will.

Als Signal, dass man nicht gestört zu werden wünscht, dient eine Schiebetür, die sich allerdings nicht verriegeln, sondern nur zuziehen lässt. Anfangs konnte sie noch fest verschlossen werden, doch das sollte sich im Lauf der Jahre als Ärgernis erweisen. Weil der Mensch nach dem Koitus gemeinhin müde ist, fordert die Natur ihr Recht, und was gibt es Romantischeres, als in den Armen der oder des Geliebten einzuschlafen? Nur dass manche Paare sich vorher derart verausgabt hatten, dass sie erst morgens gegen halb fünf von Udo geweckt werden konnten, der von draußen mit seinen Fäusten gegen die Schiebetür trommelte.

Da ja auch ein Swingerklub-Wirt irgendwann seine Nachtruhe braucht, schraubte Udo danach den Riegel ab. Sollte sich nun, was alle Schaltjahre einmal geschieht, eines der romantischen Pärchen hinter der Tür gestört fühlen, muss es eben Manns genug sein, die Eindringlinge selbst in ihre Schranken zu verweisen. So wie es jene Redaktionssekretärin tat, die, gemeinsam mit einem halben Dutzend männlicher Kollegen, die Weihnachtsfeier im Verlag mit einem kleinen Umtrunk am Mühlendamm krönen wollte.

Irgendwann nach Mitternacht zog es die Dame ins Französische Zimmer, und weil sie als Ortskundige um die Enge des kleinen Raums wusste, begnügte sie sich mit nur drei der Kollegen zur Begleitung. Die anderen drei, von den unmissverständlichen Geräuschen hinter der Tür angelockt, forderten irgendwann auch ihr Recht. Doch die resolute Sekretärin wusste sie mit dem Argument zu überzeugen: »Jungs, haut ab, ich hab nun mal nur drei Öffnungen.« Nicht Löcher, sondern Öffnungen hatte sie gesagt. In Journalistenkreisen pflegt man sich gewählt auszudrücken.

7. Das Kaminzimmer

Gilt das Französische Zimmer als der romantischste, so ist das Kaminzimmer der gemütlichste Raum des Hauses und gleichzeitig auch der größte. Die Spielwiese ist etwa doppelt so groß wie die im Roten Salon, das gedämpfte Licht wird erwärmt durch einen Kamin und verstärkt – zusammen mit Kissen und Vorhängen – das heimelige Gefühl, das die Gäste hier vom ersten Blick an beschleicht. Weil zudem der Kamin ein elektrischer ist, muss sich niemand davor fürchten, in der Hitze des Gefechts vom Funkenflug angesengt zu werden.

Zwanzig Personen fasst das Kaminzimmer; wenn sie so nah wie möglich zusammenrücken – und zu diesem Zweck geht man ins Kaminzimmer –, können es bis zu 25 sein. Die meisten Besucher verstehen unter Gemütlichkeit ohnehin ein enges menschliches Beisammensein. Wohin man greift oder stößt, es sind Geschlechtsteile oder zumindest erogene Zonen. Denn da die Luft hier so gesättigt von Sex ist wie die Eselsmilch, in der sich die römische Kaiserin Messalina vor 2000 Jahren aalte, ist ohnehin jede Zone, die man berührt, eine feucht-erogene.

Angesichts dieser fließenden und sich ständig verändernden Formen, Bewegungen und Vereinigungen kann selbst der nüchternste Beobachter die Übersicht verlieren. Karins Untermieter Benno, den sie und ihre Tochter Renate zu jedem Geburtstag ins Kaminzimmer einladen, kommt sich angesichts der vielen vor seinen Augen »aufplatzenden Pflaumen« (Originalton Renate) immer vor wie ein kleiner Junge vor einem riesigen Schokoladepudding. Und Angelikas zeitweiliger Begleiter Robert fühlte sich an das Märchen vom Schlaraffenland erinnert, als er auf dem Vorstoß zu ihr, die wie immer zuunterst lag, vorher ganze Schüsseln von Brei mit den raffiniertesten weiblichen Geschmacksrichtungen auszulöffeln hatte.

Ohne dass Marion und Udo es steuern würden, hält sich im Kaminzimmer das Verhältnis Männer zu Frauen gewöhnlich die Waage, mit einer Tendenz zum leichten Frauenüberschuss. Nur einmal wurde diese Faustregel außer Kraft gesetzt – an jenem Sonntagabend, der unter dem Titel »Schneewittchen und die sieben Zwerge« in die Annalen des Alster Pärchen Treffs eingegangen ist. Um es vorweg zu nehmen: Die Zahl von nur sieben Zwergen ist wegen Marions Vorliebe für die Märchen der Gebrüder Grimm stark nach unten korrigiert. In Wahrheit hatte Schneewittchen 15 um sich geschart. »Und von Zwergen konnte man schließlich auch nicht so recht sprechen, den ein paar von den Jungs hatten schon ganz anständige Zipfel.«

Elisabeth, eine frühere und inzwischen noch reicher als sie verheiratete Kollegin, wenn auch von anderer erotischer Neigung, hatte Susanne um Rat gefragt. Ihr Stiefsohn Jan, dem sie mit Leib und Seele zugetan sei, habe gerade das Abitur gemacht und wolle nun seine Klassenkameraden zu einem kräftigen Wetttrinken nach Hause einladen, zu einer alkoholischen Reifeprüfung sozusagen. Da jedoch Elisabeths Jugend unter der Trunksucht mehrerer Onkel gelitten hatte, wollte sie, um die Jünglinge vor bleibenden Schäden zu bewahren, sie lieber einer ganz gediegenen Mannbarkeitsfeier unterziehen. Von ihrem Stiefsohn wisse sie, dass seine Mitschüler, von gelegentlichem Petting abgesehen, allesamt noch Jungfrauen seien – im Gegensatz zu ihm, den die Stiefmutter eigenhändig in die Geheimnisse des Geschlechtslebens eingeführt hatte. Susanne wusste Rat.

Nachdem sich Marion hatte versichern lassen, dass die Prüflinge allesamt volljährig waren, stellte sie ihnen der Diskretion zuliebe, deren man in diesem Alter und in dieser Situation bedarf, an einem publikumsfreien Sonntag das Kaminzimmer zur Verfügung. Elizabeth kam dabei eine Doppelrolle zu; zum einen spielte sie das schöne Schneewittchen – weiß wie Schnee der nackte Leib, rot wie Blut das getönte Haar auf dem Kopf, schwarz wie Ebenholz die naturbelassenen Schamhaare –, zum anderen war sie die, allerdings ganz und gar nicht böse Stiefmutter, die als Erstes den Freunden demonstrierte, was Jan bei ihr in den vergangenen Jahren gelernt hatte.

Sie begriffen schnell. Jans Kür auf der Stiefmutter war wohl so vorbildhaft gewesen, dass einer wie der andere seine Pflichtnummer mit Bravour hinter sich brachte und Elisabeth daraufhin allen die Bestnote verlieh: Jeder durfte, ja sollte wiederkommen und zwar sofort. Doch in der nächsten Runde wollte sich Schneewittchen nicht mit einem simplen zweiten Aufguss begnügen, der Sinn stand ihr nach Akrobatischerem. Hatte sie eben jedem die Chance gegeben, sich als Einzelkämpfer auszuzeichnen, so sollten sie sich jetzt als Team beweisen. Und unter ihrer behutsamen und geduldigen Regie bestanden sie schließlich auch diese Prüfung.

Zuerst ließ sie die 15 Zwerge der Länge nach antreten – die Dicke bereitete ihr weniger Kopfzerbrechen –, dann ging es ans Arrangieren. Mit ungläubigem Staunen verfolgte Marion, wie Zipfel für Zipfel in Schneewittchen entweder verschwand oder sie ihn so sinnvoll positionierte, dass jeder von einem ihrer Körperteile bearbeitet werden konnte: »Wenn ich es nicht mit eigenen Augen gesehen hätte, würde ich es auch heute nicht für möglich halten, obwohl ich im Lauf der Jahre doch schon einiges an Akrobatik gesehen habe. Aber ich schwöre, sie hat sie alle gleichzeitig beschäftigt, ob drin oder draußen, oben oder unten, hinten oder vorn, sogar die Achselhöhlen, Armbeugen und Kniekehlen hatte sie im Einsatz. Angelika, da hättest sogar du noch etwas lernen können.«

Und dann mit einem Seitenhieb auf jene fantasielose Sekretärin im Französischen Zimmer: »Wenn Schneewittchen den Spruch von dieser Zeitungs-Tussie gehört hätte, dass sie ›nur drei Öffnungen‹ hat, sie hätte sich totgelacht. Da sieht man mal wieder, wie viel man der Presse glauben kann, wenn's darauf ankommt.«

8. Die Sauna

Wer glaubt, dass die Sauna wegen ihrer schweißtreibenden Temperatur von 85 Grad Celsius eine ebenso sexfreie Zone ist wie das Bistro, muss sich von Marion eines Besseren belehren lassen. Es sind nicht nur die Kurzsichtigen unter den Männern, die darauf spekulieren, aus nächster Nähe einen tiefen Einblick in jene Frauen gewinnen zu können, die auf der Holzbank eine Stufe höher sitzen als sie – umso mehr, als manche der Damen es genießen, mit leicht geöffneten Schenkeln die Hitze auch dort eindringen zu lassen und gleichzeitig den ersten Zug im erotischen Schachspiel zu machen.

Die nächsten Züge sind absehbar: Der Beobachter knetet an seiner noch ruhenden Männlichkeit herum und deutet damit an, dass das Signal bei ihm angekommen ist. Daraufhin gehen die Schenkel weiter auseinander, scheinbar geistesabwesend kontrolliert die Dame mit aneinandergelegtem Zeige- und Mittelfinger die Glätte ihrer Rasur und wie der Zufall es so will, öffnet sie dabei »versehentlich« die Lippen darunter. Damit sind die Würfel gefallen, der Mann muss sich jetzt nur noch entscheiden, ob er ihrer Schönheit zuerst mit der Zunge oder mit den Fingerspitzen huldigen soll. Meist gewinnt die Zunge.

Doch auch zwischen Frauen funktioniert diese Art von Telegrafie. Susanne erzählt stolz, wie es ihr hier in der Sauna gelang, eine schöne iranische Malerin zu verführen. Am Tresen hatte sie sich mit ihr über Intimschmuck unterhalten, den Marion und Udo früher nicht nur verkauften, sondern ihn dem Gast auch eigenhändig anlegten. Dabei hatte sie zu ihrer Verwunderung erfahren, dass die Iranerin zwar schon davon gehört, aber so etwas noch nie in natura gesehen hatte. Also befestigte sie in der Umkleide ganz unauffällig an intimster Stelle die beiden Ringe, die sie für solche Fälle immer in der Handtasche mit sich führt, und folgte dann der langhaarigen Schönen in die Sauna.

Dort streckte sich Susanne in höchster Position dekorativ und offen ins Blickfeld der anderen und harrte mit geschlossenen Augen der weiteren Entwicklung. Minuten später fühlte sie ein angenehmes Ziepen in den Schamlippen. Die Iranerin hatte sich ein paar lange schwarze Haare vom Kopf gerissen, sie durch Susannes Ringe geschoben und zog nun links und rechts daran, als ob sie ihrem Pferdchen ganz sachte die Zügel geben wollte. Susanne hatte den glücklichen Einfall, leise zu wiehern und schon begaben sich die beiden neuen Freundinnen in die 69-er-Position, um im Schweiße ihrer Angesichter und ihrer Hände festzustellen, wie ähnlich sie sich doch dort unten trotz der Ringe der einen waren.

Als weiteren Beweis, dass die Hitze durchaus auch lustfördernde Wirkung haben kann, trägt Marion eine Anekdote aus ihrem jüngsten FKK-Urlaub auf der Ile du Levant in Südfrankreich bei: »Neben mir am Strand legt sich eine blonde, nahtlos gebräunte Französin auf den Rücken und macht sich einen Spaß daraus, sich die Sonne zwischen die Beine brennen zu lassen. Hoffentlich hatte sie sich dort gut eingekremt, denn ihre dünnen albinoweißen Haare boten ihr, so weit, wie sie gespreizt war, sicher keinen Schutz. Und vor ihr, einen halben Meter von ihren Fußsohlen entfernt, liegt ein Mann mit Seehundsbart auf dem Bauch und starrt unentwegt geradeaus, mindestens eine halbe Stunde lang, und kann sein Glück über diesen Einblick nicht fassen, so selig lächelt er die ganze Zeit. Sie muss diesen Blick genossen haben, denn als sie aufsteht, lässt sie eine handtellergroße feuchte Stelle im Sand zurück, genau dort, wohin der Seehund die ganze Zeit gestarrt hatte. Sein Blick muss so scharf gewesen sein, dass sie nicht einmal einen Finger brauchte für ihren Abgang, die Glückliche.«

»Ein Gentleman scheint dieser Seehund auch nicht gerade gewesen zu sein«, lästert Helga. »Ein galanterer Mann hätte sich vom Bauch auf die Seite gedreht und ihr gezeigt, wie gut ihm die Show gefallen hat. Er wäre weiß Gott nicht der Erste, der am FKK-Strand einen hochbekommt. Liegt wohl daran, dass die Franzosen kein Wort für Gentleman in ihrer Sprache haben. Aber a propos hochbekommen: Hat Karin uns nicht vorhin eine Geschichte von einer Herrensauna in München versprochen?« Und schon beginnt sie wieder verstohlen an sich herumzuzupfen.

»Das kann ich mir vorstellen, dass du das nicht vergessen hast. Also gut, Susanne kann ja solange in ihren Fotoalben blättern, euch anderen wird die Geschichte gefallen, auch wenn sie ein bisschen länger ist. Benno hat sie Renate und mir so oft erzählt, dass ich mich an die Details bald besser erinnere als er.« Karin räuspert sich noch einmal und legt los.

Der eingefleischte Hamburger Benno war vor Jahren für ein paar Wochen nach München versetzt worden und hatte sich dort tödlich gelangweilt, obwohl oder vielleicht erst recht weil dort gerade Oktoberfest war. Eines Tages platzt ihm der Kragen, er steigt in ein Taxi und fragt den Fahrer, wo man hier als Mann etwas erleben könne. Der Fahrer brummelt etwas unverständlich Bajuwarisches, tut aber so, als ob er das »als Mann etwas erleben« verstanden habe und bringt ihn zu einer Sauna in Schwabing. Benno, der seit Ewigkeiten keine nackte Frau mehr gesehen hat, glaubt sich am Ziel.

»Ich ahne Schlimmes«, kichert Helga.

Benno zahlt, bekommt ein Handtuch in die Hand gedrückt, schaut sich um – und erblickt nur Männer, soweit das Auge reicht. Die Damen werden sich wohl alle in den Ruheräumen vergnügen, denkt er hoffnungsfroh und geht nach nebenan, um sich auszuziehen. Dort, vor einem mannshohen Spiegel, steht ein nackter Herr, bewundert die eigene Figur und knetet ungeniert an seinem fetten Engerling herum. Als er Bennos entgeisterten Blick auf sich spürt, grinst er ihn an und knetet fester. Erst im Nachhinein begriff der Gast aus Hamburg, dass der andere bei der anschließenden Fleischbeschau im Gemeinschaftsraum etwas vorzuweisen haben wollte.

»Ihr seht, unser Benno ist etwas schwer von Begriff. Erst unter der Dusche begann ihm zu dämmern, dass ihn der Taxifahrer absichtlich falsch verstanden hatte. Diesem Preußen hatte er es gezeigt, dass die Bayern ihre Hühner selbst treten.«

Unter der Dusche steht bereits ein etwa gleichaltriger Mann und kehrt ihm den Rücken zu. Als er das Wasser neben sich rauschen hört, blickt er über die Schulter, dreht sich dann um und präsentiert Benno mit fragendem Blick sein voll ausgefahrenes Rohr. Trotz der beachtlichen Länge, die Karin auf Sabines Wunsch mit beiden Händen andeutet, ignoriert Benno das Angebot und flüchtet in die Sauna. Und dort fallen ihm dann endgültig die Schuppen von den Augen.

»In dieser Sauna war es so finster wie bei euch im Dark Room und er sich deshalb an ein paar Körpern vorbeidrücken musste, um einen Platz zu finden. Um ihn herum herrschte Stille, nur ein lautes Schmatzen war zu hören. Als sich dann seine Augen an die Dunkelheit gewöhnt hatten, sah er, was da so schmatzte.«

»Das hätte ich ihm gleich sagen können, Karin.« Helga hat solche Geräusche oft genug gehört, wenn sich ihr Bodo über einen Anhalter beugte.

»Dann kennst du dich besser aus als er, er brauchte einen Moment. Links neben ihm saßen zwei Herren, und vor jedem der beiden kniete einer und schmatzte dabei ganz ungeniert an seinem Vordermann herum. Und schon wurde Benno von rechts angestupst, von so einem Ding wie unter der Dusche, und aus dem Dunklen heraus fragte jemand, ob er das auch machen könne. Er habe heute schon vier oder fünf Mal gespritzt, aber das reiche ihm einfach nicht.«

»Starke Naturen sind das, diese Bayern«, murmelt Sabine bewundernd. Doch Karin ist jetzt im besten Fahrwasser und mag sich nicht unterbrechen lassen.

»Benno murmelt verlegen etwas wie ›Im Moment nicht‹, weil er ungern jemanden kränkt, und rettet sich nach einer Schamfrist von drei Minuten ins Freie. Am Tresen bestellt er sich das größte Bier des Hauses und kann es auch brauchen, weil er nicht glauben mag, was er da um sich herum sieht: ein Dutzend Kerle, die auf den Fernsehschirm starren, wo eine Frau im Dirndl die bayrischen Regionalnachrichten vorliest – und einer wie der andere poliert sich so lustvoll seine Latte, als ob er statt der Münchner Abendschau einem Schwulenporno zuschaut. Renate behauptet, dass sie noch nie so etwas Perverses gehört hat. Und sie hat schon viel gehört und gesehen als Arzthelferin.«

»Das sage ich doch immer: Perverse Schweine sind das, ganz perverse Schweine.« Helga durchschauert es vor Wohlbehagen.

Während er seine Maß leerte, überlegte Benno, ob er sich dem zweiten Schwitzgang – statt in der Sauna – im »russisch-römischen Dampfbad«, wie es über einer Riffelglastür vor seinen Augen angeschrieben stand, unterziehen sollte. Doch weil fast alle Männer, die dort hocherhobenen Hauptes hineingegangen waren, mit baumelndem Schwengel wieder zurückkehrten, schien ihm das Risiko zu groß.

Lieber wollte er sich nun in den Ruheräumen umsehen, auf die er ursprünglich seine ganze Hoffnung gesetzt hatte. Und wenn er auch, wie befürchtet, keine Frauen dort vorfand, so war doch immerhin der Unterhaltungswert im mit Vorhängen abgeteilten Amüsierbereich ein beträchtlicher.

Als erstes streckte ihm ein Bayer mit offensichtlich japanischen Vorfahren etwas Hartes von der Größe seines kleinen Fingers entgegen. Benno winkte dankend ab, rannte dann aber fast in ein Knäuel von Männern – waren es acht, zehn oder zwölf? – hinein, die alle irgendwie ineinander verkeilt schienen. Bevor er in diesen Strudel hineingesogen wurde, flüchtete er sich in den angrenzenden Raum und warf sich in einen Sessel, um von dort aus unbehelligt das Spektakel zu verfolgen, das ihm vier Männer auf und vor einer Liege boten.

Die beiden ersten hatten sich der Länge nach auf dem Rücken ausgestreckt, allerdings nicht neben-, sondern aufeinander, wobei der Obermann sowohl von unten her in die hintere Öffnung als auch von einem vor ihm stehenden Herrn in den Mund gestoßen wurde. Um dieses Trio herum strich ein lüstern grinsender Mittfünfziger wie ein Kater um einen Räucherfisch, bis er vor dem Obermann in die Knie ging und sich dessen noch freies Glied in den Mund stopfte. Dem Grunzen, Schmatzen und Stöhnen nach zu urteilen, näherte sich das Quartett jetzt seinem Finale, doch Benno, der genug gesehen hatte, zog es zu seiner nächsten Maß.

»So einen Viererbob will ich das nächste Mal auch von Bodo sehen; hoffentlich gibt es den Fechtklub von diesem Walther noch, sonst muss er eben anderswo ein paar gelenkige Jünglinge auftreiben, am Geld soll's nicht scheitern.« Helgas Hände geraten vor lauter Vorfreude außer Kontrolle. »Aber hast du vorhin nicht behauptet, Karin, dass Benno vernascht worden ist? Bisher hat er sich ja die ganze Zeit gedrückt.«

»Auf den letzten Drücker haben sie ihn dann doch noch erwischt. Nach seiner zweiten Maß will er zum Abschluss noch einen Saunagang mitnehmen und das war sein Fehler. In die leere und – im Gegensatz zur anderen – gut ausgeleuchtete Sauna schleichen sich zwei Herren hinterher und die fangen auch, kaum haben sie ihr Handtuch ausgebreitet, kräftig an, sich mit der Hand einen hochzujubeln. Plötzlich geht die Tür auf, noch einer kommt herein. Die beiden Hochjubler benehmen sich wie ertappte Schuljungen, hören ganz verschämt auf. Doch der Neue sieht natürlich ihre voll ausgefahrenen Dinger herumstehen, grinst und fängt, zum Zeichen seines Einverständnisses, nun bei sich an. Und schon ist Benno von, Pardon, drei fröhlich wichsenden Kerlen umzingelt.«

»Der Feigling ist doch nicht etwa davongelaufen?« Helga sieht schon ihre Felle davonschwimmen.

»Tatsächlich war er drauf und dran. Und das muss sein rechter Nachbar, der ihn schon die ganze Zeit mit einem feuchten Dackelblick angestarrt hat, gemerkt haben. Plötzlich stürzt er sich Kopf voraus zwischen Bennos Beine, schnappt sich sein schlaffes Ding und saugt wie ein Besessener daran. Keine Minute später hat er schon die ganze Ladung geschluckt, Benno behauptet, dass seiner nicht einmal halbsteif geworden sei, so abgestoßen war er von dem Überfall.«

»Und dann? Hat er sich wenigstens bedankt für die Gefälligkeit und ihm mit der Hand auch einen runtergeholt?«, will Helga wissen. »Oder war er auch so ein egoistischer Stoffel wie dieser Seehund auf Marions FKK-Insel?«

»Einen Dreck hat er gemacht. Grußlos hat er die Sauna verlassen und ist dann im Laufschritt zum nächsten Taxenstand gerannt. Er hat es gerade noch rechtzeitig bis zum Hotel geschafft, bevor sein Körper mit einem wütenden Durchfall rebelliert hat, sogar Schüttelfrost hatte er danach. Seitdem ist Benno kuriert, das behauptet er jedenfalls und hat es uns sofort bei seiner Rückkehr aus München auch bewiesen. Fragt nur Renate, wie er sie sich vorgeknöpft hat, mit der war hinterher eine ganze Woche nichts mehr anzufangen.«

»Typisch Mann, am Ende sind es doch immer die Frauen, die das auszulöffeln haben, was sich die Kerle selbst eingebrockt haben«, meldet sich Susanne aus der Ecke zu Wort. »Aber, Marion, bevor ich es vergesse, woran mich die Geschichte mit der Malerin erinnert hat: Was ist aus eurem Intimschmuck-Service geworden? Früher haben sich doch jede Woche mindestens drei Frauen auf den Nymphomaninnen-Hocker gelegt und sich von euch ein Paar Ringe hineinjagen lassen.«

Marion, die früher den Ehrentitel »Die Herrin der Ringe« trug, korrigiert: »›Hineingejagt‹ haben wir die Ringe nie jemandem, weder bei Frauen noch bei Männern. Das ging ganz zivil und gesittet zu. Ich habe die Schamlippen der Kundin sachte auseinandergezogen und Udo die richtige Stelle gezeigt, wo er seine Perforierpistole ansetzen soll und dann: Kimme, Korn, Schuss. Oder ich habe die Vorhaut angehoben, Hauptsache, der Mann hatte keinen Ständer, das verkompliziert die Operation, weil man dann leichter ins Lebendige sticht. Deshalb haben wir auch nie an den Brustwarzen, der Eichel oder dem Bauchnabel operiert. Bei Frauen kamen nur die Schamlippen und die Kitzlervorhaut in Frage, bei den Männern waren es neben der Vorhaut die Sacknaht und das Bändchen. Wer es anderswo wollte, musste seinen Hausarzt befragen.«

»Und warum habt ihr diesen Service aufgegeben?«

»Weil der Markt gesättigt war. Wir haben ja immerhin während der ganzen Zeit fast 200 Frauen und gut 50 Männer beringt, manche sogar doppelt und dreifach. Und dann, bei aller Liebe, waren manche Operationen einfach zu kompliziert. Erinnert ihr euch an Jettchen, die mit den voluminösen äußeren Schamlippen? Die waren so dick, dass Udo vier oder fünf Mal ansetzen musste, bis er sie durchstochen hatte. Vorher hatte er sie noch rasieren dürfen, damit die Haare den Schusskanal nicht entzündeten. Und dann war natürlich auch noch der Ring zu klein für diesen Wulst, ich musste die Lippen so lang ziehen, bis sie flach genug dafür waren. Dabei war dieses dicke Jettchen außerhalb des Klubs das reinste Hausmütterchen, mit Dauerwelle und solchen Sachen, ganz bieder und brav. Die Ringe da unten waren wohl ihr heimlicher Protest gegen die Kleinbürgerlichkeit, in der sie lebte.«

9. Die Sektbar

Inzwischen hat Udo das Häuflein der sieben aufrechten Damen zur Sektbar, dem »Ballungszentrum« des Klubs, wie er sie nennt, geführt. Hier pflegen die Gäste, die aus dem Roten Salon, dem Kaminzimmer oder der Sauna zurückströmen, neue Kräfte zu schöpfen, von hier hat man einen guten Blick auf den Gynäkologenstuhl (»Optimal für eine Frau, die geleckt werden will«, lobt Marion) und hier schwang bis vor kurzem die lebenslustige Lydia, die wir im dritten Kapitel vorgestellt haben, das Zepter. Hier fiel sie wahllos über männliche und weibliche Gäste her, kettete sie an der Wand fest und saugte sie dann bis zum letzten Tropfen aus, ehe sie ihnen die Gelegenheit gab, sich an ihr zu revanchieren.

Doch inzwischen hat sich Lydia der Drohung ihres adligen Lebensgefährten, ihr den Geldhahn abzudrehen, gebeugt und sich ein Sabbatjahr in den eigenen vier Wänden verordnet, allein mit ihren Vibratoren, den elektrischen Zahnbürsten und ihrer Videosammlung. Diesem Baron Theodor von Strey war nämlich von Nachbarn in der Rahlstedter Reihenhaussiedlung zugetragen worden, dass sich seine Lydia auf dem Nachhauseweg vom Klub gern noch ein paar Betthupferl gönnte. Beispielsweise hatte sie sich weit nach Mitternacht vor einer unbeleuchteten Tankstelle über den Kotflügel eines Manta ziehen lassen – nur um tags darauf zu erfahren, dass die Videokamera dort den Quickie in allen Details festgehalten hatte, was wiederum ihrem Theodor missfiel. Aber was soll man von einem Mann erwarten, der sich seinen stolzen geschichtsträchtigen Familiennamen von Straußeney amtlich in das »Strey« eines Bourgeois einkürzen ließ?

Ursprünglich hatten wir den Rundgang in den benachbarten drei Räumen *(10. Die Nasszellen mit Tauchbecken, 11. Die Massagebank und 12. Der S/M-Bereich)* beenden wollen. Doch weil alle diese Bereiche schon in früheren Kapiteln gewürdigt wurden, fassen wir uns an dieser Stelle kurz, gönnen den Damen noch ein Glas aus dem Keller der Witwe Clicqot und widmen uns nun dem Schlusskapitel der Hausherrin. Jenen Lesern aber, die auf der »Großen Hafenrundfahrt« am Mühlendamm bestehen, sei nach der Lektüre des Buches ein persönlicher Besuch bei Marion angeraten. Es wird ihr wie immer ein Vergnügen sein, jeden Winkel ihres Klubs vor den Augen lernbegieriger Gäste auszuleuchten.

Neuntes Kapitel

Marion

Die Herrschaften von der Presse

Klingelingelingelingeling. Entschlossen läutet Marion mit ihrem goldenen Kuhglöckchen, dem Geschenk eines dankbaren Schweizer Gastes, die letzte Gesprächsrunde des Jubiläumsabends ein. Dann pocht sie mit dem Ehering gegen ihr Champagnerglas und zieht gleichzeitig, um den optischen Eindruck zu verstärken, kräftig an Udos Glockenstrang. »Lasst uns zum Abschluss die Gläser erheben und auf meinen Lieblingsberuf trinken. Krankenschwestern und Friseusen sind vielleicht intelligenter, aufregender und geiler, aber am komischsten, nein, Helga, nicht am witzigsten, sind doch die Journalisten, egal ob Männer oder Frauen, denkt doch nur an diese eingebildete Pissnelke Bea mit ihrem Redakteursdünkel. Oder die Redaktionssekretärin, die sich zu fein dafür ist, zu ihrer Pflaume ›Loch‹ zu sagen, wahrscheinlich ist sie per Sie mit ihr.«

»Du hast ja recht, Marion, komisch ist das richtige Wort, meistens sogar unfreiwillig komisch, weil sie sich so maßlos wichtig nehmen.« Helga schüttelt sich. »Aber lasst mich zuerst noch die Geschichte erzählen, an die mich Marions Klingelingeling erinnert hat. Ihr kennt doch alle meine Freundin Gerda aus Bergedorf, die immer nur mit ihrem eigenen Mann nach hinten geht und es sich dort immer in der gleichen Stellung, ja, genau in der, Angelika, von ihm besorgen lässt?« Die Freundinnen nicken, alle haben sie sich schon über das Gewohnheitstier Gerda lustig gemacht.

Auch im Ehealltag scheint Gerda Wert auf feste Regeln zu legen. Jeden Morgen, wenn der Wecker klingelt, lässt sie sich erst einmal von ihrem Herbert missionieren, man weiß ja, worauf es diese Flittchen von Sekretärinnen im Büro anlegen, auch will man selber kein Notstandsgebiet sein, wenn der Briefträger oder der Stromableser an der Haustür klingelt, was sollen die Nachbarn im spießigen Bergedorf von einem denken. »Danach« verschwindet Herbert im Badezimmer. Gerda wirft derweil in der Küche die Kaffeemaschine an, um dann, Minuten später, ins Bad zu eilen, sich dem zähneputzenden Gemahlsgatten von hinten zu nähern, ihm seinen »Schrumpfgermanen«, wie sie ihn liebevoll nennt, zu schütteln und ihm ins Ohr zu flüstern: »Klingelingeling, der Kaffee ist fertig.« So geht das jeden Tag, selbst am Wochenende.

Eines Freitags kommen Herberts Kollege Wilfried und seine Gerlinde zu Besuch nach Bergedorf und bleiben über Nacht. Am nächsten Morgen punkt halb sieben steigt Gerda nach der üblichen Zehn-Minuten-Andacht aus dem Bett, wirft die Kaffeemaschine an, um dann im Bad ihren ehelichen Pflichten zu genügen. Eine Sekunde lang wundert sie sich über die Größe und Härte dessen, was sie da schüttelt, begreift es dann aber als Kompliment an ihren Sexappeal und flötet: »Klingelingeling ...« Im nächsten Moment packen zwei Hände ihre Hinterbacken und heben sie auf die Höhe des Waschbeckens, ihr Morgenmantel fällt zu Boden und schon gleitet etwas in sie hinein, was unmöglich Herbert sein kann. Und während sie die Oberschenkel um fremde Hüften schlingt, um ja keinen Zentimeter dieses sensationellen Fundstücks zu verpassen, hört sie im Hintergrund Gerlinde kichern: »Hab ich's doch geahnt, Herbert, was für ein kleines geiles Luder deine Frau ist.«

Zwar dürfen Wilfried und Gerlinde inzwischen an jedem ersten Freitag des Monats im Bergedorfer Ehebett mit übernachten, doch weil das Leben nun einmal seine Regeln braucht, ist Gerda nach der Huckepacknummer vor dem Waschbecken rasch wieder in die Missionarsstellung zurückgerollt. Da macht sie auch bei Wilfried keine Ausnahme, mögen sich Gerlinde und Herbert neben ihr auch noch so geräuschvoll und akrobatisch verrenken. Und selbst im Badezimmer hält sie sich nach wie vor strikt an das vertraute Ritual. Zwar gönnt sie sich einmal pro Monat den Luxus, zwei Glocken unterschiedlicher Größenordnung gleichzeitig zu läuten, doch der Wortlaut bleibt unverändert: »Klingelingeling, der Kaffee ist fertig …«

Alle um Helga herum klatschen spontan Beifall, am lautesten Marion: »Wunderbar, wie im richtigen Leben. So etwas kann sich niemand ausdenken, auch kein Journalist, schon gar nicht, wenn kein Alkohol in der Geschichte getrunken wird, sondern nur Kaffee. Ihr wisst ja, dass es in dieser Branche drei Berufskrankheiten gibt: Geldsorgen, kaputte Beziehungen und Alkoholismus. Und wenn sie dann an allen drei gleichzeitig leiden, könnte einem schier das Herz brechen vor Mitgefühl – wie bei unserem armen kleinen Kai, der sich aus lauter Kummer wegen Gertrauds verlorenem Pfläumchen zu Tode gesoffen hat. Ein Jammer um diesen lieben Kerl. Und das Buch über den Klub, das er mir jedes Mal versprochen hat, bekommen wir jetzt auch nie zu lesen.«

»Jedenfalls war das nicht so ein Spinner wie sein Kollege Clemens«, pflichtet Udo ihr bei. Und weil ihm – was in diesen Räumen sonst ein Tabu, aber im engsten Freundeskreis erlaubt ist – der Nachname des »Spinners« herausrutscht, hakt die notorische Zeitungsleserin Sabine nach: »Ist das nicht der Idiot, der mit seinen Börsentipps Tausende von Leichtgläubigen ruiniert hat?«

»Nein«, wird sie von Marion korrigiert, »Clemens, das ist der Sohn. Der Alte hat sich von dem, was er an der Börse abgezockt hat, einen Bauernhof mit Schnapsbrennerei im Bayerischen Wald gekauft, das war angeblich sein Lebenstraum. Drei Meilen gegen den Wind soll es dort stinken, weil der Kerl in seinem Suff die Cowboystiefel nicht mehr von den Füßen bekommt und die Socken deshalb nur alle paar Wochen wechselt und die Wäsche sowieso nicht. Sagt jedenfalls sein Freund Peter, der ihn neulich in dem Nest hinter Wunsiedel besuchte, es aber nur eine Nacht lang dort ausgehalten hat.«

Karin schüttelt sich vor Ekel: »Brrrrrrrrr, wie mein klebriger Untermieter damals. Nur dass es bei dem keine Cowboystiefel waren, die so stanken, sondern die Turnschuhe, die er immer bei den Sportartikelherstellern geschnorrt hat.«

»Na ja, schnorren – das tun sie wohl fast alle, ist wohl die vierte Berufskrankheit. Und dieser Clemens hat sich sicher bei seinem Alten angesteckt, so, wie er sich neulich bei uns aufgeführt hat.« Marion grinst Udo an, beide genießen es noch immer, dass sie dem Möchtegern-Journalisten nicht auf den Leim gegangen sind.

Denn auf den Leim geführt werden sollten sie, das war ihnen rasch klar. Da stand eines Abends ein junger Mann vor der Tür am Mühlendamm – »Er sah eigentlich nicht schlecht aus«, gibt Marion zu, »aber das wusste er wohl auch selbst, so arrogant, wie er war« –, bat nicht etwa um Einlass, sondern forderte ihn, weil er Mitarbeiter von .... sei (hier darf jeder Leser unseres Buchs den Namen der Zeitung seiner Wahl eintragen). Er wolle einen Artikel in diesem tollen Blatt über sie schreiben, dann würden Marion und Udo ganz groß rauskommen und ihm zum Dank dafür die Füße küssen. Obwohl Marion zu diesem Zeitpunkt noch nichts von den streng riechenden Cowboystiefeln des Vaters wusste, weigerte sie sich, vor ihm in die Knie zu gehen, sondern wollte erst einmal etwas Schriftliches als Beweis sehen.

Angesichts einer solchen Dreistigkeit der Presse gegenüber schwoll dem Jüngling der Kamm. Er habe es nicht nötig sich auszuweisen, er sei schließlich Clemens X., der nicht nur die Handynummern von Britney Spears und Paris Hilton habe, sondern sogar Fotos von ihren rasierten Ihrwisstschonwas. Ob Udo sie sehen wolle? Udo, der das alles schon zur Genüge aus dem Internet kannte, wollte nicht, drückte aber schließlich der Nervensäge einen Spindschlüssel in die Hand: »Wer bei uns verkehrt, muss sich ausziehen, in Klamotten läuft hier nichts.« Und als sich der schöne Clemens widerstrebend dazu bequemte und sich, nur mit einem Handtuch bekleidet, an den Tresen setzte, folgte Udos nächster Schachzug: »Wer sich ausgezogen an den Tresen setzt, akzeptiert, dass er zahlender Gast ist. 60 Euro bitte, das ist bei uns der Eintrittspreis für einzelne Herrn.« Jetzt erst begriff der plumpe Nassauer, dass er hier fehl am Platz war, sofern er eine Nullnummer schnorren wollte.

Kaum war er unter Verwünschungen und Drohungen (»Das wird euch noch leidtun, ich hetze die Bluthunde von der Boulevardpresse auf euch«) verschwunden, rief Marion bei der Chefsekretärin des Blattes an, mit dem sich Clemens gebrüstet hatte, und erfuhr, dass es sich bei dem »Starjournalisten« und Paris-Hilton-Intimus um einen freien Mitarbeiter mit ein paar Wochen Berufserfahrung handle. Also beschloss sie, den befreundeten Besitzer eines Swinger-Klubs in Wandsbek vor dem Hochstapler zu warnen und bekam am Telefon zur Antwort: »Falls du einen namens Clemens meinst: Der sitzt schon hier und baggert die Frauen an.« Ein paar aufklärende Worte von Marion und schon wurde Clemens auch in Wandsbek eine Rechnung präsentiert, die zu zahlen er nicht bereit war. »Seitdem hat man weder seinen Namen in der Zeitung noch ihn selbst in einem Hamburger Klub mehr gesehen«, zieht Marion nach zwei Ortsgesprächen einen Strich unter Clemens' kurze journalistische Karriere.

Nur ein einziges Telefonat genügte, um einem anderen Vertreter der schreibenden Zunft das Handwerk zu legen. Udo formuliert den Unterschied zwischen den beiden Schmarotzern drastisch, aber nachvollziehbar: »Während dieser Clemens nur ein ganz kleiner Kacker war, handelte es sich bei dem anderen um einen miesen, widerlichen Scheißer. Bei Typen, die sich an Kinder ranmachen wollen, ist bei mir Schluss, und zwar ein für alle Mal.« Umso mehr, wenn diese »Typen« nicht nur zur Pädophilie, sondern auch zur Erpressung neigen. Und genau das war der Fall bei dem äußerlich unscheinbaren Reporter einer auflagenstarken Hamburger Zeitschrift, den wir zu seinem Schutz und in der Hoffnung auf Selbsterkenntnis »Dr. No« nennen wollen.

Dieser knapp 1,60 Meter große No besaß nach Marions und Udos übereinstimmendem Urteil nicht nur »das reinste Arschgesicht«, sondern hatte auch die abstossende Neigung, allen Damen im Klub, denen er nahe genug kommen konnte, seine pompöse Visitenkarte zusammengerollt in die intimsten Öffnungen zu schieben. Dennoch hatte es der mit seinen Dienstreisen nach Bangkok, Kairo und Acapulco Protzende geschafft, sich im Klub mit einem Ehepaar so weit anzufreunden, dass sie ihn mehrfach nach Hause einluden, wo er vor allem dem Gatten zu Diensten war. Bei einem dieser Besuche hatte er auch das 13-jährige Töchterchen des Paares kennengelernt und schon wurde das Kind zum Ziel seiner Begierde.

Wochen später nutzte Dr. No die Abwesenheit der Eltern und besuchte die allein zu Hause gebliebene Kleine. Als die sich seinen körperlichen Annäherungsversuchen energisch widersetzte, suchte er sein Heil in einem Erpressungsversuch. Er wisse, welche perversen Spiele ihre Eltern in einem Hamburger Sexclub trieben, als verantwortungsvoller Journalist habe er die moralische Pflicht, diese widerlichen Perversionen öffentlich anzuprangern. Nur wenn das Mädchen ihm ein paar Gefälligkeiten erweisen würde, die ihr ganz gewiss nicht wehtäten – er sei schließlich kein Ungeheuer, wie sie sehen könne –, würde er ihr zuliebe beide Augen zudrücken.

Das Mädchen aber, das alt und aufgeklärt genug war, Moral von Scheinheiligkeit unterscheiden zu können, dachte gar nicht daran, sich der Erpressung zu beugen, sondern begann so laut zu schreien, dass Dr. No in panischer Angst den Rückzug antrat. Abends vertraute sich das Kind den Eltern an, die, nachdem sie den ersten Schock überwunden hatten, Udo informierten und ihn dann beim nächsten Besuch im Klub um Rat fragten. Der wählte sofort Dr. Nos Redaktionsnummer und erinnerte ihn daran, dass er nicht nur mit seinem Chef, sondern auch mit dem Leiter des Raub- und Erpressungsdezernats befreundet sei. Ein Hinweis von Udo und Nos nächste Reise würde ihn nicht nach Santa Monica in Kalifornien, sondern in die Justizvollzugsanstalt Fuhlsbüttel, genannt Santa Fu, führen, er habe die freie Auswahl. Dr. No entschied sich für den Mittelweg und emigrierte auf die Philippinen, wo er seitdem seinen Lebensunterhalt als Auslandskorrespondent deutscher Homosexuellen-Magazine verdient.

»Stimmt, mein Bodo hat neulich eines von diesen Heften mitgebracht«, kichert Helga und klingt durchaus nicht so angeekelt, wie es eine Frau ihres Niveaus bei diesem degoutanten Thema sein sollte. »Mein Gott, sind die klein und niedlich da unten, selbst wenn sie noch so aufgeregt aussehen. Und mitten drin dieses ›Arschgesicht‹, wie ihr sagt, in jedem Arm zwei nackte Filipinos, nur er selber hatte noch die Hose an, aber wir wissen ja alle den Grund. Warum hat ihn Anne wohl immer ›unser armes Japanerlein‹ genannt? Man kann ja nicht von jedem Mann Geschütze wie bei Leni Riefenstahls Nubas verlangen, aber ein bisschen mehr, ein ganz kleines bisschen mehr sollte man doch von einem erwachsenen Mitteleuropäer erwarten können. Und so einer darf sich auch noch ›Chefreporter‹ nennen, jawohl, ganz fett über dem Artikel stand ›Chefreporter Dr. No auf Knaben-Safari im asiatischen Dschungel‹ – und wisst ihr, von wem die vielen bunten Fotos waren? Haltet euch fest.«

»Es wird doch nicht etwa …« Marion starrt Helga ungläubig an.

»Doch, doch, genau der. Von dem ›Rubens der Aktfotografie‹, wie er in diesen Heften immer tituliert wird. Unser guter alter Emanuel, der sich immer erst splitternackt auszog, bevor er uns fotografierte, damit er das richtige ›Feeling‹ bekam, komisch, wie man so etwas Mickriges ›Feeling‹ nennen kann. Na ja, dort unten auf den Philippinen fällt es wenigstens nicht auf, dass es kaum größer als das von Dr. No ist. Wenn man ihm das Ding abschneiden würde, hätte alles auf einem Bierdeckel Platz, so wie die Steuererklärung von diesem Politiker aus dem Sauerland.«

»Hört mir bloß auf mit diesem Kerl, mit dieser Emma«, grantelt Marion. »Und von ›unserem guten alten Emanuel‹ will ich erst recht nichts wissen. Wenn einer hier Hausverbot verdient hat, dann er, und zwar verschärftes in einem Pranger auf dem Bürgersteig, wenn das möglich wäre. Der hat uns nicht nur bei den Swinger-Magazinen, für die er früher fotografiert hat, schlechtgemacht, sondern seinetwegen hat sogar eine unserer Stammkundinnen ihren Job verloren – aus reiner Profitgier von diesem Schwein.«

Auch »Emma« war eines Tages auf die Idee verfallen, den »Alster-Pärchen-Treff« in der Presse »ganz groß rauszubringen« – und zwar im meistgelesenen Magazin der Swinger-Szene. Da er mit seiner beeindruckenden Kameraausrüstung seriöser wirkte als Clemens, der nicht einmal einen Stift am Leib geführt hatte, ließen sich Marion und Udo auf das Spiel ein. Einen ganzen Abend lang durfte »Emma« seine Filme verschießen, leuchtete jede Spalte und jede Erhebung der Anatomie von Gastgebern und Gästen aus und ließ sie die gewagtesten Positionen in allen zwölf

Räumen einnehmen. Und weil er vorher ehrenwörtlich versprochen hatte, auf den Fotos als einzigen Körperteil die Augenpartie mit einem breiten schwarzen Balken abzudecken, gaben sich alle Anwesenden vor der Kamera hemmungslos ihren exhibitionistischen Neigungen hin.

Tatsächlich erschien Wochen später in dem Magazin eine Acht-Seiten-Reportage über Marions Klub – mit allen publikumswirksamen Details in leuchtenden Farben und den bis zur Unkenntlichkeit geschwärzten Gesichtern der Akteure. Alles schien in bester Ordnung, denn »Emma« hatte sein Wort gehalten. So jedenfalls glaubten es Marion und Udo, bis eines Tages die Arzthelferin Lollo wütend an der Haustür klingelte.

In der Hand hielt Lollo eine jener leicht schlüpfrigen Illustrierten, die in den Wartezimmern mancher Arztpraxen ausliegen. Das Doppelseiten-Foto in der Mitte zeigte Lollo, wie sie breitbeinig auf dem Rücken lag und drei Männern gleichzeitig Vergnügen bereitete. Alle intimen Teile des Quartetts waren durch schwarze Balken abgedeckt, nur Lollos unverwechselbare, weit aufgerissenen Augen nicht. Und so fiel es einer der Rentnerinnen im Wartezimmer nicht schwer, die bis dahin so nette Arzthelferin als Sex-Bestie zu enttarnen – Grund genug für den Arzt, Lollo fristlos zu kündigen und sich dadurch auf höchst moralische Art einer lästig gewordenen Geliebten zu entledigen.

Des Rätsels Lösung: Zwar hatte sich das Swinger-Magazin an die Absprache mit den verdeckten Augenpartien gehalten, doch der freie Fotograf »Emma« verkaufte als Eigentümer der Rechte die Bilder an interessierte Illustrierten ein zweites Mal – ohne Balken im Gesicht. Der »Rubens der Aktfotografie« versuchte, als die Tat ruchbar wurde, seine Haut mit dreisten Verdrehungen der Wahrheit zu retten, doch unter der Last der Zeugenaussagen brach sein Lügengebäude zusammen. Nun wurde auch er fristlos gekündigt und zwar von seiner Standesorganisation, auf deren Weihnachtsfeiern er bisher immer den Knecht Ruprecht hatte spielen dürfen. Außerdem verklagte ihn Lollo auf Rufschädigung, was ihr eine bescheidene vierstellige Summe als Schmerzensgeld einbrachte.

Der Job bei ihrem früheren Geliebten war zwar für alle Zeiten verloren, doch vermittelte der sie immerhin an einen nicht so prüden Kollegen – sinnigerweise an einen balkenfreien Augenarzt, in dessen Wartezimmer jetzt nur noch Illustrierte ausliegen, die Lollo vorher Seite für Seite durchgeblättert hat. Dem geschäftstüchtigen Rubens aber blieb nur die Flucht nach Südostasien, wohin ihn Dr. No gelockt hatte und wo er sich nun einer anderen Facette seiner Aktfotografierkunst widmen darf. Seine Methoden aber sind die gleichen geblieben, wenn man Helga glauben darf: »Ganz hinten in dem Heft sieht man inmitten von philippinischen Knäblein einen ebenso nackten europäischen Touristen mit seinem bierdeckelgroßen Feeling – unser guter alter Emma, wie er leibt und er ihm steht.«

»Jetzt haben uns Marion und Helga die ganze Zeit nur von versauten Journalisten erzählt. Gibt es denn in diesem Beruf keine Frauen, die dem Schönen im Leben gegenüber aufgeschlossen sind? Bleibt denn schon wieder alles an uns Friseurinnen und Krankenschwestern hängen?« Für ihr Leben gern würde Susanne ihrem Pit ein paar Ferkeleien nicht nur von halbseidenen Zeitungsschmierern, sondern auch von deren mannstollen Kolleginnen erzählen, wenn sie nach Hause kommt. Und um die Freundinnen zu animieren, berichtet sie von ihrer bisher einzigen Erfahrung mit dem weiblichen Teil der Branche.

Ursprünglich hatte Susanne mal wieder Appetit auf eines der Früchtchen im »Camelot« gehabt, jener Lesben-Disco auf der Reeperbahn, wo auch Männer Zutritt hatten und wo ihr Gatte sie notfalls gegen einen aufdringlichen kessen Vater verteidigen konnte. Weil aber Pit sich vorher bei einem Dom-Bummel – für nicht ortskundige Leser: Der Hamburger Dom auf dem Heiligengeistfeld ist das Rummelplatz-Gegenstück zum Bremer Freimarkt – etwas Stimmung antrinken wollte, fand sich das Paar von der Elbchaussee erst einmal in einem rustikalen Bierzelt mit Schweinshaxen und Blasmusik wieder – direkt neben einer angetrunkenen Horde von zwei Dutzend Boulevardjournalisten.

Nun muss man wissen, dass der unerfüllte Lebenstraum von Susannes Pit eine Karriere als Journalist war, seit er als Werksstudent ein paar Wochen lang bei einer Hamburger Sonntagszeitung gearbeitet hatte. Am liebsten hätte er als Gastronomiekritiker den Sterneköchen jene bei ihm gekauften Seezungen und Doraden um die Ohren gehauen, die sie ihm zweckentfremdet und ihres natürlichen Geschmacks beraubt in ihren Gourmet-Tempeln als Nouvelle-Cuisine-Kreationen vorzusetzen wagten. Allein schon der penetrante Geruch einer Schweinshaxe, die der Gerichtsreporter neben ihm im Bierzelt verschlang, bedeutete ihm einen Hauch jener Welt, die ihm für immer verschlossen war. Und so kamen sich Fischhändler und Klatschjournalisten bei vollen bayrischen Maßkrügen näher.

Irgendwann wurde Susanne hellhörig, weil die junge Dame neben ihr, die sich als Volontärin in der Sportredaktion ausgegeben hatte, ständig von »vollen Blasen« und »strammen Eiern« nuschelte. Ein rascher Blick unter den Holztisch bestätigte ihren Verdacht: Die Volontärin hatte es sich zur Aufgabe gemacht, alle männlichen Kollegen, die das Bier zur Toilette trieb, vorher mit einem Griff an oder sogar in die Hose zu überprüfen und ihnen dann freies Geleit zu geben. Und weil Pit sie nach der dritten Maß an seine kurze journalistische Laufbahn erinnerte, war die kaum 20-Jährige ohne Ziererei bereit, auch seinen Blasendruck mit der Hand zu messen.

Ein Wort gab das andere. Als die immer undeutlicher artikulierende Dame das Substantiv »Blase« in ein gleichlautendes Verb umformulierte, hatte sich Pit so viel Mut angetrunken, dass er sie unter dem Tisch gewähren ließ. Und nachdem sich Susanne, von so viel Unverfrorenheit beeindruckt, die andere Hand der unsichtbaren Lutscherin in den eigenen slipfreien Schritt gedrückt hatte, kam die anschließend auch dieser Aufforderung bereitwillig nach. »Aber so eine richtige Journalistengeschichte ist das eigentlich nicht«, schränkt Susanne abschließend ein. »Sie ist wohl an jenem Abend auf den Geschmack gekommen, denn in der Woche darauf hat sie bei uns in der Firma angefangen und ist heute Pits Chefeinkäuferin für leckerste Meeresfrüchte.«

»Das ist typisch für die Branche«, lästert Marion. »Solche Frauen, die mitten im Leben stehen, lassen sie laufen und den Bodensatz wie Bea und Konsorten behalten sie. Zicken, die sich alles aufreißen würden, nicht nur den Hintern, wenn sie einmal im Leben Dieter Bohlen die Hand schütteln oder Tony Marshall die Kniebundhosen aufknöpfen dürften. Und die, weil sie nicht die leiseste Ahnung von Fußball haben, Uwe Seeler zur ›Sport-Ikone‹ und zum ›Kulthelden der Herzen‹ aufpoppen. Unseren guten alten Uwe …« Marion und Udo sind seit Jahrzehnten bekennende HSV-Fans.

»Oder wie diese Kuh aus dem Feuilleton – die Zeitung darf man ja nicht verraten –, die ich neulich angerufen habe.« Mit Genuss ergreift Helga die Gelegenheit, ihre Lieblingsanekdote aus dem gehobenen Journalismus beizusteuern. »So überkandidelt hatte die über eine Shakespeare-Inszenierung geschrieben, so hochsensibel und tiefempfindend, als ob sie mit dem Dichter persönlich im Bett gewesen sei, so tropfte und raunte und schwurbelte das. Und dann behauptet sie zum Schluss, es sei Desdemona ganz recht geschehen, dass Romeo sie ermordet habe. Normalerweise hake ich so etwas innerlich ab, man weiß ja, was das für Leute sind, die das schreiben, aber das war mir denn doch ein bisschen zu heftig. Also frage ich sie, ob sie denn nun im ›Othello‹, in ›Romeo und Julia‹ oder womöglich im ›Hamlet‹ gewesen sei, sie habe da wohl die Figuren ein bisschen durcheinandergebracht. Und wisst ihr, was sie sagt? ›Beste Frau‹, säuselt sie herablassend, ›sie wissen wohl nicht, dass ich Anglistik in Oxford studiert habe.‹ Und knallt den Hörer auf, die Kuh. Ich habe dann sofort einen Leserbrief an den Chefredakteur persönlich geschrieben, aber ihr glaubt doch wohl nicht, dass ich je eine Antwort bekommen hätte.«

Jetzt glaubt Anne, eine Lanze für die Branche brechen zu müssen. »Ausnahmen bestätigen die Regel, schwarze Schaf gibt es in jedem Beruf, sogar bei den Krankenschwestern. Aber ich versichere euch: Fast alle Journalisten, die ich hatte, waren richtig Nette, kultiviert, charmant, witzig, einfach alles außer dem verdammten Alkohol. Denkt doch nur an den Kumpel vom Papst, diesen Beppo, was der alles aus dem Vatikan zu erzählen weiß, eijeijeijeijeijei, da werde sogar ich noch manchmal rot.«

»Ach komm, Anne, das mag ja alles ganz nett sein vorne am Tresen, aber warst du schon mal hinten mit ihm?« Auch die offensichtlich anspruchsvollere Angelika hat ihre Erfahrungen mit Beppo gemacht. »Erst einmal will er immer nur in den Dark Room, hat wohl was zu verbergen unter seinem katholischen Handtuch, und außerdem quasselt er ununterbrochen dabei, als ob er im Beichtstuhl sitzt, selbst wenn man alle Waffen einer Frau einsetzt, um ihn hochzukriegen. Und hat man es dann tatsächlich irgendwann geschafft – wutsch, kippt der schiefe Turm von Pisa wieder um und weiter geht die Quatscherei. Da ist doch Schwanz-Paul, so dämlich er ist, ein anderes Kaliber.«

»Aber lieb ist er doch – und so witzig und charmant kann er erzählen.« Anne will sich partout nicht ihr Idealbild von Beppo retuschieren lassen. Jetzt mischt sich Marion ein: »Charmant, ja, das ist richtig – ein charmanter Lügner. Am Tresen mimt er den Don Camillo, als ob er ein waschechter Italiener sei, doch als es

Angelika neulich wieder hinten mit ihm versucht hat, hat seine Kollegin Bea, gehässig wie sie ist, gepetzt, dass er noch nie im Leben einen Fuß über die Alpen gesetzt hat. Er soll zwar eine italienische Großmutter haben, aber sonst ist er tiefster Ruhrpott. Nicht gerade Wanne-Eickel, aber Bottrop ist auch nicht viel besser, Udo hat Verwandte in diesem Kaff. Und die ganzen Sauereien mit den Ministranten, Erzbischöfen und Nönnchen klaue er sich immer aus Kirchenpornos zusammen. Das ist nun der Dank von dieser Bea, dass er sie hier bei uns eingeführt hat und sie sich seitdem einmal pro Woche durchvögeln lassen kann. Anderswo würde sich doch kein Kerl nach so einer Pissnelke umdrehen.«

»Typisch für sie, dass sie sich mit einem Blender wie diesem Levantiner eingelassen hat.« Was für Marion der Fotograf Emma und für Udo Dr. No, ist für Sabine ein Auslandskorrespondent, der in diesen Kreisen nur »Pipi der Perser« genannt wird. Nicht einmal in ihrer »Schwanz-Kladde« verschont sie ihn, denn dort hat sie den ohnehin bescheidenen Zentimeterangaben ein hämisches »Behauptet, klein und fleißig zu sein. Klein ist richtig – sonst nichts« hinzugefügt.

»Pipi der Perser« hat sich allerdings nicht durch »Seine Wenigkeit«, wie ihn Marion bespöttelt, die Abneigung von Sabine und ihren Freundinnen zugezogen, sondern durch sein levantinisches Macho-Gehabe. Nicht nur glaubte er von seinem ersten Auftreten im Klub an, mit harschem Ton alle Frauen seiner Wahl nach hinten kommandieren zu können, er gibt auch vorne am Tresen den Ton an. Als Nahost-Korrespondent eines großen Verlags sei er auf allen Schlachtfeldern der Region zu Hause, brüstet er sich Abend für Abend – und ist es doch nur, wie Marion von einem Kollegen Pipis erfuhr, in den Bars der Luxushotels zwischen Tel Aviv und Kabul, wo er auf Spesen absteigen darf.

Dass er mit Susannes Mann Pit die Neigung teilt, onanierend danebenzusitzen, während sich zwei Frauen miteinander vergnügen, ist in diesen Räumen nicht unüblich oder gar störend. Manche wie Susanne oder Karin fühlen sich durch diese männliche Aufmerksamkeit sogar animiert und geschmeichelt. Weil aber Pipi nicht daran denkt, die Damen zu bitten, sondern glaubt, ihnen den lesbischen Akt befehlen zu müssen, ist schon so manche seiner Beziehungen in die Brüche gegangen, zuletzt die mit seiner Sekretärin Christina, der es zu viel wurde, »immer nur fremde Dosen auszuschlecken«, wie sie sich eines Abends am Tresen ausweinte. Als ihr Marion dann in Pipis Gegenwart vorschlug, dass sie doch auch allein in den Klub kommen könne – »Was willst du überhaupt mit diesem fetten Sack« –, war der Eklat da.

Pipi drohte schreiend, den ganzen Laden mit seinen Petrodollars aufzukaufen und Marion und Udo an ein marokkanisches Bordell zu verschachern, Udo wiederum griff zum Othello, um ihn dem Orientalen dort hineinzuschieben, »wo ihr es doch alle am liebsten habt«. Bis sich die von vielen Jägermeistern benebelte Bea für ihren Kollegen in die Bresche warf (»Lasst Pipi in Ruhe, der ist schließlich ein Redakteur«), sich dann Kopf voraus zwischen Christinas Schenkel stürzte und mit dieser Darbietung Pipis Sympathie gewann.

Für Bea war es der richtige »Kunolingus«, wie sie Christinas Formulierung vom Dosenausschlecken ahnungslos verballhornte, zum richtigen Zeitpunkt. Weil nämlich ihr bisheriger Förderer Beppo innerhalb der Redaktion gerade zum Verwalter des Terminkalenders herabgestuft worden war, glaubte sie, ihre journalistische Karriere durch Pipis Renommee neu anschieben zu können.

Sie war zu diesem Zweck auch gerne bereit, sich von dem Levantiner in aller Öffentlichkeit und bei jeder Gelegenheit sexuell demütigen zu lassen, doch dann wollte es ihr Pech, dass sich Pipi wegen siebenstelliger Spielschulden in seine Heimat absetzen musste.

Seither hat man weder von ihm etwas gehört noch von ihr etwas gelesen. Weil selbst der schlichteste Klatschjournalismus (»Supermodel X hat eine neue Liebe, seit 14 Tagen liegt sie in den Armen von Pop-Ikone Y, händchenhaltend schlendern die beiden Turteltauben täglich über die Champs Elysees« und so weiter und so fort) ihren Horizont übersteigt, muss sie sich damit begnügen, Agenturmeldungen auszudrucken und sie unterwürfig an ihren männlichen Kollegen zum Umschreiben weiterzureichen, denn »der ist schließlich ein Redakteur«.

»Tja, aus dieser Karriere ist ja zum Glück nichts geworden, trotzdem staune ich immer wieder, wie leicht man im Journalismus nach oben kommen kann, ohne überhaupt schreiben zu können«, sagt Marion kopfschüttelnd. »Inzwischen sind es nicht Dutzende, sondern Hunderte von Redakteuren, die mir hoch und heilig versprochen haben, etwas über uns zu bringen. Richtig nette Leute, einer wie der andere, die meisten auch ganz gut hinten auf der Matte, nur wenn es ans Schreiben gehen soll, machen sie schlapp. Scheint noch eine weitere Berufskrankheit zu sein, deshalb wollen sie wohl alle zum Fernsehen, wo sie sich nur schminken lassen und Mut antrinken müssen.«

Und dann erzählt sie die Geschichte von Röschen, deren Weg zur Chefreporterin einer großen deutschen Illustrierten vom Liegesitz im VW-Käfer eines alkoholkranken Lokalredakteurs über das Travemünder Hotelzimmer eines ebenfalls trunksüchtigen Feuilletonisten in das Kingsize-Bett im Hamburger Penthouse einer Chefredakteurin führte. Auch Röschen hat Marion und Udo ein Buch oder zumindest eine große Reportage versprochen, doch auch sie ist an der für sie zu anspruchsvollen Aufgabe gescheitert. Nicht gescheitert ist sie dagegen an ihren zwischenmenschlichen Zielsetzungen, denn heute lebt sie als Millionärsgattin und Honoratiorin in der schwäbischen Provinz, fernab der Gefahr, jemals wieder auch nur eine einzige Zeile schreiben zu müssen.

Ihre Karriere begann sie als Bedienung in einem Touristenlokal an der Nordsee, wo das flachsblonde Haupthaar der damals 17-Jährigen den Redakteur der Lokalzeitung von ihrem journalistischen Talent überzeugte. Als sie ihm später im Auto im Schein ihrer Taschenlampe auch noch beweisen konnte, dass sie tatsächlich eine echte Blondine war, stand ihrem Volontärsvertrag nichts mehr im Weg. Jeden Abend wurde sie nun von dem Redakteur in seinem klapprigen VW nach Hause gefahren und hatte sich dafür im Dunkeln mit ein paar Handreichungen zu bedanken. Alles andere überstieg die Kräfte des vom Alkohol gezeichneten Journalisten, so einladend sie sich auch im Liegesitz seinen Blicken darbieten mochte.

Von ihrem ersten Volontärsgehalt gönnte sie sich eine Woche FKK-Urlaub auf Sylt und hatte auch dort das Glück, einen Journalisten – diesmal war es ein Feuilletonist bei einem renommierten Hamburger Blatt – mit ihrer makellosen Blondheit beeindrucken zu können. Ein massiv goldenes Paar Ringe als Intimschmuck und das gemeinsame Wochenende in einem Luxushotel an der Ostsee waren für Röschen Argument genug, schon in der Probezeit die Lokalzeitung zu verlassen und in der Redaktion ihres Gönners ein Praktikum anzutreten, wobei ihre wichtigste Aufgabe darin bestand, pünktlich seine leere Whiskyflasche gegen eine volle auszutauschen. Und da er Lebensart und Erfahrung genug hatte, um seine eigenen Grenzen zu erkennen, sträubte er sich auch nicht dagegen, dass sie sich von Ressort zu Ressort weiterreichen ließ, bis sie schließlich auch im Vorzimmer der Chefredaktion zu gefallen wusste.

Das Schicksal in Gestalt von Felix schlug zu, als Röschen ihren Chefredakteur zu einer Party in einem der vornehmsten Hamburger Klubs mit Blick auf die Alster begleiten durfte. Felix, geborene Felicitas, eine sportlich-herbe, gut 50-jährige Kollegin von Röschens Chef, brauchte weder Taschenlampe noch FKK-

Strand, um zu erkennen, wie blond die junge Dame, die ihr so diensteifrig Champagner nachschenkte, in ihrem Innersten war und nahm sie sofort in Beschlag – erst für die ganze Nacht und dann für die nächsten zehn Jahre.

Es war eine jener auf Stabilität angelegten Beziehungen, in der eine Hand die andere wäscht. Felix garantierte dem 30 Jahre jüngeren Röschen eine Karriere bei der international angesehenen Illustrierten, in deren Chefredaktion sie selbst dank ihrer Skrupellosigkeit das Sagen hatte. Sie lehrte sie, wie man durch selbstbewusstes Auftreten, Fäkalsprache und demonstratives Türenknallen die Domestiken in der Redaktion dazu bringt, dass sie einem die ganze Drecksarbeit abnehmen und sich dadurch auch noch geschmeichelt fühlen. Drecksarbeit, das bedeutete für Röschen zu schreiben, zu redigieren, zu recherchieren, zu kommentieren, kurz: alles, was sie langweilte, weil sie es nie gelernt hatte. Die Fähigkeit, sich am Telefon aufzuspielen, hatte sie sich schon bei den vorigen Blättern angeeignet, und in der Kunst der Selbstdarstellung, für die sie ohnehin ein Naturtalent besaß, brachte ihr Felix jetzt den letzten Schliff bei.

Röschen wiederum revanchierte sich bei Felix, indem sie die ihr angeborene Zungenfertigkeit in den Dienst der Chefin stellte und dabei deren verspannte Vaginalmuskeln so kunstvoll massierte, dass sie selbst auf Dienstreisen nicht mehr darauf verzichten mochte. Auch bei intimen Partys mit Freundinnen und festgefahrenen Verhandlungen mit Geschäftspartnerinnen erwies sich Röschen als Bereicherung, weil Felix gegenüber Frauen keinerlei Eifersucht empfand, sofern sie zuschauen durfte, wie ihre Schülerin zwischen anderen Schenkeln als den eigenen ihre Kunstfertigkeit bewies.

Doch wehe, wenn Röschen sich an ihre Lehrjahre im Journalismus erinnerte und zu den Wurzeln zurückkehren wollte. Ein Mann kam Felix weder ins Haus noch unter den Rock und das hatte auch uneingeschränkt für ihr menschliches Haustier zu gelten. Zum ersten Mal über die Stränge schlug die Jüngere auf einer Pressereise nach Simbabwe, die ihr Felix zum 21. Geburtstag spendiert hatte. Empörte Reisegefährtinnen hatten Felix zugetragen, wie sie nachts erwartungsfroh in Röschens Hotelzimmer geschlichen waren und sie das Blondchen auch durchaus nicht abgeneigt fanden – nur wolle sie, bitteschön, erst die sechs nackten männlichen Kollegen hier zu ihrem Recht kommen lassen, die sich alle gleichzeitig auf, unter und neben ihr tummelten, »wer zuerst kommt, leckt zuerst«, wie sie es in ihrer rustikalen Dithmarscher Sprache umschrieb. Und obwohl die Besucherinnen angeekelt von diesem orgiastischen Treiben gewesen seien, hätten sie aus Höflichkeit vor dem Bett abgewartet, um sich dann ebenfalls noch von dem keineswegs erschöpften Sex-Tierchen bedienen zu lassen.

Eine Woche lang sprach Felix kein Wort mehr mit ihrer Sklavin, dann forderte die Natur ihr Recht und trieb sie zurück in Röschens Bett. Bei der anschließenden Aussprache gestand die Sünderin, dass sie zwar ihre Chefin und ihr rasiertes Mäuschen von ganzem Herzen liebe, dass sie aber trotzdem auf die männliche Variante ihres Geschlechtslebens nicht ganz verzichten könne und wolle. Mit zwei, drei oder ein paar mehr Männern einmal pro Monat ließe sich ihre Krankheit heilen, danach könnte sie sich ihr und ihren Freundinnen wieder ganz entspannt widmen. Felix begriff und sann widerstrebend auf Abhilfe.

Wie es das Schicksal wollte, traf sie am nächsten Tag ihre frühere Friseuse Susanne in einem Harvestehuder Feinkostgeschäft. Beide erinnerten sich wehmütig der gemeinsamen schönen Nächte von Poppenbüttel und beschlossen, ihr altes Verhältnis, angereichert durch Röschens Naturtalent, noch am gleichen Abend in Felix' Penthouse aufzufrischen. Hinterher analysierte man zu dritt die Krankheitssymptome der Jüngsten im Bunde und schließlich kam Susanne auf die rettende Idee: »Ein Gangbang pro Monat bei Marion, das dürfte reichen, schließlich ist sie keine Angelika.« Weil jedoch der belesenen Felix bei dem Begriff Gangbang sofort eine zweistellige Zahl von Männern in den Sinn kam, bestand sie auf einem Kompromiss: »Maximal drei Kerle pro Abend, aber ich persönlich regle den Verkehr – und zwar eigenhändig.«

»Und das hat sie dann auch tatsächlich gemacht, im wahrsten Sinn des Wortes«, wundert sich Marion noch heute. »Man denkt doch, dass eine Frau wie sie, die jede Woche so giftige Artikel über die Kerle schreibt und sie damit regelrecht enteiert, deren Dinger nur mit der Kneifzange oder mit Latexhandschuhen anfasst. Aber nichts da, sie hat sie ihnen mit bewundernswerter Selbstverleugnung so gefühlvoll hochgejubelt, als ob sie mit ihrem eigenen Brummi spielte. Dann hat sie ganz gewissenhaft die drei ausgewählt, die nach ihrer Kenntnis größenmäßig am besten in Röschen hineinpassten, ihnen ein Kondom übergezogen und sie wie angekündigt eigenhändig bei ihr eingeführt – natürlich von hinten her, damit ihre arme Kleine ›nicht in die verzerrten Visagen der Kerle sehen musste‹, wie sie behauptete. Ich glaube aber eher, dass sie dadurch von vorn besser an Röschens empfindlichsten Punkt rankommen wollte, um sie möglichst schnell von ihrem Druck zu befreien.«

»Oder um sie von dem ›widerlichen Ding‹ da drin abzulenken«, mutmaßt Susanne. »Sie wollte ganz einfach auch hier die Chefin im Ring sein, ob sie nun die Kerle vorantrieb, indem sie ihnen die ganze Zeit die Eier knetete oder ob es ihr Mittelfinger war und nicht dieses ›Ding‹, dem Röschen ihren Orgasmus verdanken sollte.«

Sofort nach dem Schlussgong der dritten Runde machte sich Felix unter der Dusche an die Reinigung und Desinfektion von »Röschens Döschen«, wie Anne kalauert. Und Marion setzt nach: »Es hätte mich nicht gewundert, wenn sie Salmiakgeist genommen hätte, aber diesen Geschmack mochte sie wohl nicht auf ihrer Zunge. Zu Hause mussten schließlich erst einmal die bösen Geister aus Röschen vertrieben werden, das hat sie mir selbst erzählt.«

»Man nennt das wohl ›Den Teufel mit Beelzebub austreiben‹.« Helga scheint stolz auf ihren Geistesblitz zu sein, so selbstzufrieden, wie sie lächelt.

Susannes Kur mit der monatlichen Injektion schien anzuschlagen. Doch eines ganz gewöhnlichen Männerüberschussabends erschien ein leicht beschwipstes Röschen allein am Mühlendamm, ihr blonder Motor schien auf einer höheren Umdrehungszahl zu laufen als unter Felix' Aufsicht. »Sie ist auf Dienstreise in New York, verpfeif mich bloß nicht«, flüsterte sie Marion als Erstes ins Ohr. Dann, um das Verfahren, auf das sie es offensichtlich angelegt hatte, abzukürzen, rief sie in die Runde: »Hat einer der Herren Interesse an einer echten blonden Möse? Auch Damen haben freien Eintritt bei ihr.« Nichts mehr von »Döschen« oder »Mäuschen«, Felix war ja in New York, jetzt endlich durfte Klartext geredet werden, unredigiert und unzensiert.

Es sollte das Schlüsselwort ihres zukünftigen Lebens werden. Unter den Gästen, die allesamt, ob Männlein oder Weiblein, »Interesse an einer echten blonden Möse« hatten, war auch ein schwäbischer Unternehmer aus dem Raum Hechingen. Nicht nur hatte dieser bodenständige Mittvierziger namens Eberhard ein so strammes Format, dass es für Röschen eine ganz andere sportliche Herausforderung darstellte als die von Felix handverlesene Durchschnittlichkeit – »Die wollte doch nur, dass ich so wenig wie möglich von denen spüre«, beklagte sie sich bei Marion –, der wackere Schwabe fürchtete sich auch keineswegs vor Frauen, die Klartext redeten, im Gegenteil. Endlich einmal eine, die sich nicht zierte, nicht um den heißen Brei herumredete, sondern offen aussprach, was sie anzubieten hatte: eine Möse ohne Wenn und Aber.

Nur einmal zuvor war ihm Vergleichbares widerfahren. Als Fachhochschüler in Ravensburg vor bald zwanzig Jahren war er unversehens in eine gutbürgerliche Gruppensex-Party hineingeraten und hatte dort mit einer biederen schwäbischen Hausfrau namens Käthe solange die Klingen gekreuzt, bis sie erschöpft auf ihm zusammengesackt war. Doch statt sich vor ihrem peinlich berührten Ehemann zu schämen, hatte Käthe nach kurzem Verschnaufen herzhaft in die Hände geklatscht und dann den Lustschrei ausgestoßen: »Jesses Maria, honn i gfiggt.« Worauf dem von ihrem Ausbruch inspirierten Eberhard, der sich noch gar nicht aus Käthe hatte zurückziehen können, erneut die Kräfte wuchsen. Kraftausdrücke statt Viagra – ein solches Medikament kann nur bei einem Schwaben anschlagen.

Noch in der gleichen Nacht floh Röschen mit fünf Koffern voller Designerklamotten und einer Schmuckschatulle aus Felix' Penthouse und fand bei Eberhard im »Vier Jahreszeiten« Unterschlupf. Als sie ihm schließlich in den frühen Morgenstunden, bei der dritten Flasche Remstäler, auch noch ihre Neigung zu jenem Teil der weiblichen Anatomie gestand, den sie nicht aufhören konnte, »Möse« zu nennen, hatte sie Eberhard, einen begeisterten Gesinnungsgenossen von Susannes Pit, mit Stumpf und Stiel für sich gewonnen. Sechs Wochen später heirateten sie auf der Hohenzollernburg in Hechingen, Trauzeugin war eine würdige Matrone aus Ravensburg, die ihren schelmischen Blick nicht von dem Hosenladen des Bräutigams wenden konnte.

Felix aber, die eine Woche nach Röschens Verrat in die leere Wohnung zurückgekehrt war, gefiel sich in der Rolle des Fuchses aus der Fabel, dem die Trauben zu hoch hängen. Susanne, an die sie sich in ihrer seelischen und körperlichen Not wandte, bekam zu hören, was doch Röschen für ein unkultiviertes, berechnendes, verlogenes, dummes, zickiges, eingebildetes, hinterhältiges, schmarotzendes, rachsüchtiges Nuttchen gewesen sei, der sie keine Träne nachweine, weil sie nicht einmal richtig geil gewesen sei und ihr kleines Blondchen da unten immer nur als Tauschobjekt und Einkommensquelle benutzt habe. Wenn Susanne die Fotos des Blondchens für ihr Album haben wolle, bitte schön, weg mit Schaden. Außerdem sei sie, Felix, immer der Ansicht gewesen, dass Röschens Schamlippen viel zu asymmetrisch seien, ein ästhetischer Anblick sei das jedenfalls nicht, da sei sie sich mit allen ihren Freundinnen einig.

Marions Freundinnen sind ganz anderer Meinung, als Susanne jetzt die Beweisfotos im Roten Salon kreisen lässt – umso mehr, als sie Röschens Döschen mit dem von Felix vergleichen können, die die Besitzerin auf den folgenden beiden Seiten des Albums aufblättert. Karins Urteil fällt geradezu vernichtend aus: »Ziemlich ausgemergelte Lefzen, da hat wohl jemand zu lange daran gesaugt. Sie sollte sie mal liften lassen, das Geld dazu hat sie ja wohl.« Doch da fällt ihr Susanne ins Wort.

»Der Anblick täuscht, das Foto habe ich am Ende eines Damenabends bei uns zu Hause geschossen. Wenn du das hättest aushalten müssen, was meine Nachbarin Nicole und Pits Chefeinkäuferin mit Felix angestellt haben, würde deine jetzt genauso ausgemergelt aussehen. Am nächsten Morgen beim Aufwachen hatte sich das schon wieder alles zurechtgerüttelt, ich hab sie mit eigenen Augen gesehen.«

Seit jener Nacht ist Felix ein regelmäßiger Gast in Susannes Villa an der Elbchaussee, auch wenn Pit das Geschehen nicht wie sonst von der Bettkante aus, sondern nur mit Hilfe einer versteckten Kamera verfolgen darf. Und nie versäumt sie es dabei, einen inzwischen wehmütigen Blick auf ihr entschwundenes Blondchen in Susannes Fotoalbum zu werfen. Nur den Alster-Pärchen-Treff meidet Felix seit jener Zeit konsequent. Nicht dass sie Marion etwas vorwerfen würde, doch scheint ihr die Gefahr zu groß, dass die Täter, Röschen und ihr Schwabe Eberhard, eines Tages an den Ort des Verbrechens zurückkehren könnten. Und mit eigenen Augen zu erleben, wie sich neun Männer und vier Frauen gleichzeitig über ihr Röschen hermachen wie an jenem Abend, als Felix in einem einsamen New Yorker Hotelbett lag, würde die kaum vernarbten Wunden wieder aufbrechen lassen.

Eine leichte Tristesse zieht durch den Roten Salon, es ist spät geworden. Die meisten der Damen gähnen, vor allem Angelika, die sich zwischendurch immer wieder mal eine kleine Entspannung gegönnt hat. Doch ausgerechnet sie will noch nicht aufbrechen, sondern verlängert den Abend noch um eine halbe Stunde mit ihrer unschuldigen Frage: »Mir fällt gerade ein: Hat eine von euch je gesehen, wie es Marion und Udo miteinander treiben? Ich jedenfalls nie, weil entweder ich oder sie zu beschäftigt waren.« Plötzlich fällt es allen wie Schuppen von den Augen, dass sie die beiden in all den Jahren immer nur als selbstlose Gastgeber erlebt haben, sie sich aber nie der schönsten Hauptsache der Welt hingeben konnten, deretwegen ja jeder an den Mühlendamm kommt.

Spontan verkündet die resolute Sabine: »Jetzt schenken wir euch eine Jubiläumsnummer. Und zwar dort, wo es noch nie jemand machen durfte – im Bistro. Außerdem fehlt mir der von Udo noch in meiner Kladde, das erledigen wir jetzt gleich mit.« Während sie gekonnt die optimalen Voraussetzungen zur Vermessung schafft, beugen die anderen Marion schon einmal vorwärts über den Tisch, den sie rasch von den Resten des Büffets befreit haben. Nachdem Sabine Udos Daten mit einem bewundernden Zungenschnalzen notiert hat, greift die Medizinerin Anne zu und entsorgt ihn, nach ein paar kurzen gefühlvollen Bewegungen aus dem Handgelenk heraus, fachgerecht in Marion. Und während das Paar ihnen jene Stellung demonstriert, in der vor bald 30 Jahren über einem Wursttresen auf der Hoheluft alles begann, schwenken die Freundinnen ihre Gläser und trällern dabei Rosalindes Lied aus dem Finale der »Fledermaus«: Champagner hat's verschuldet, tralalalalala, was wir heut Nacht erduldet, tralalalalala …

GWEN

Sie schert sich nicht um Geschlechterrollen und Moralvorstellungen – die wahre Geschichte von Gwen.

TAGEBUCH MEINER LUST.

Gwen, 21, lebt ihre sexuellen Gelüste hemmungslos aus. Freunde bezeichnen sie als Nymphomanin. Doch sie schert sich nicht um Geschlechterrollen, Moralvorstellungen und Vorurteile. Freimütig gesteht sie: »Ich lebe promisk.« Viele schütteln den Kopf wegen ihrer zahlreichen Affären. Was auch immer andere denken mögen, Gwen sagt: »Ich fühle mich gut dabei.«

Mit 13 Jahren hatte Gwen das erste Mal Sex, mit 14 entdeckt sie SM. Seitdem weiß sie, dass sie devot ist. Auf Partys und in Clubs lebt sie ihre Neigungen aus, mal als »Sub mit Hirn«, mal als Voyeurin oder Exhibitionistin, mal Lesbe oder Hetero, je nach Stimmung.

»Gwen – Tagebuch meiner Lust« erzählt von diesen sexuellen Erlebnissen. Amüsante Situationen vermischen sich mit spannenden Augenblicken, zärtliche Momente mit ungezügelter Leidenschaft, sinnliche Abenteuer mit schockierenden Erfahrungen. Gwens Geschichte ist ein erotisches Lesevergnügen, aber noch viel mehr ist es das Dokument eines außergewöhnlichen Lebensentwurfs.

GWEN – TAGEBUCH MEINER LUST
Von Christoph Brandhurst
240 Seiten, Taschenbuch
ISBN 978-3-89602-771-9
9,90 Euro

HERA

Rechtsanwältin am Tage – Domina in der Nacht

EINE WAHRE GESCHICHTE!

»Nach der im Schnitt fünfminütigen Züchtigung gewähre ich dem vor Schmerz und Erschöpfung heftig Keuchenden eine Pause. Ich baue ihn auf, berühre ihn zart, sage ihm, wie tapfer er ist, wie viel er für mich erträgt und wie stolz er mich damit macht.«

Tagsüber in Robe im Gerichtssaal, nachts in Lack und Leder in einem von Europas größten S/M-Studios: Hera, Jahrgang 1971, lebt in Köln, arbeitet tagsüber als Rechtsanwältin und drei Abende in der Woche als Domina. Ihrem Verehrer Purius vertraut sie während eines elftägigen Aufenthaltes in seinem Palais ihre Erlebnisse als Domina an. Der Autor Mirko J. Simoni hat Heras offene und unverblümte Schilderungen der erregendsten, lustvollsten und kuriosesten Begegnungen im S/M-Studio niedergeschrieben. »HERA« gibt einen aufschlussreichen Einblick in die luxuriöse Lebenswelt eines Millionärs, beantwortet aber vor allem die spannenden Fragen: Was lässt eine Anwältin zur Domina werden? Dabei benutzt der Autor eine Sprache, die elegant und unmissverständlich zugleich ist. Eine anregende Lektüre – und eine wahre Geschichte!

DIE AUTOREN

Anna Maria Gluth, geboren und aufgewachsen in Köln, studierte Literaturwissenschaften in Hamburg und an der Sorbonne. Sie arbeitet als Lektorin und Übersetzerin und lebt heute in Hamburg-Altona. »Mein lustvolles Leben – Intimes aus dem Swingerclub« ist ihr erstes Buch.

Marion und Udo Meyer aus Hamburg sind seit vielen Jahren ein Paar. Beide sind eingefleischte Swinger und betreiben einen Singleclub. Um auch andere an ihren erotischen Erlebnissen teilhaben zu lassen, schrieben sie zusammen mit Anna Maria Gluth das Buch »Mein lustvolles Leben«.

Anna Maria Gluth
Marion & Udo Meyer
MEIN LUSTVOLLES LEBEN
Intimes aus dem Swingerclub

ISBN 978-3-89602-803-7

2. Auflage

TITELBILD
© digitalstock

TITELGESTALTUNG
Jolanda Roskosch

KATALOG
Wir senden Ihnen gern kostenlos unseren Katalog
Schwarzkopf & Schwarzkopf Verlag GmbH / Abt. Service
Kastanienallee 32, 10435 Berlin
Telefon: 030 – 44 33 63 00
Fax: 030 – 44 33 63 044

INTERNET / E-MAIL
www.schwarzkopf-schwarzkopf.de
info@schwarzkopf-schwarzkopf.de